内府綱吉筆

監修者——加藤友康／五味文彦／鈴木淳／高埜利彦

［カバー表写真］
犬を追い払おうとする座頭の姿
（『江戸名所図屛風』部分）

［カバー裏写真］
徳川綱吉像

［扉写真］
「桜馬図」
（徳川綱吉画）

日本史リブレット人 049

徳川綱吉

犬を愛護した江戸幕府五代将軍

Fukuda Chizuru

福田千鶴

目次

徳川綱吉と元禄時代

江戸《えど》幕府《ばくふ》五代将軍徳川綱吉（一六四六〜一七〇九）。その治世は元禄《げんろく》時代というイメージがあるが、和暦でいえば延宝《えんぽう》・天和《てんな》・貞享《じょうきょう》・元禄・宝永《ほうえい》と称される時代であり、西暦では一六八〇年から一七〇九年までの約二九年間である。従来、彼に対する評価は低く、暴君《ぼうくん》・専制君主《せんせいくんしゅ》として扱われてきた。とくにその悪政として知られるのが、生類《しょうるい》憐《あわれ》み令《れい》による犬愛護、その裏返しとしての人命軽視、赤穂《あこう》事件をめぐって公平を欠く処罰、側用人《そばようにん》柳沢吉保《やなぎさわよしやす》を重用した恣意《しい》的な側近《そっきん》政治、勘定《かんじょう》奉行《ぶぎょう》荻原重秀《おぎわらしげひで》による質の悪い元禄金銀への貨幣改鋳《かへいかいちゅう》、これによって招いた経済混乱など、枚挙にいとまがない。これらの史実に関しては見直しが進みつつあるとはいえ、いまだに彼のイメージの大半を形づくるものとなっている。

一方、綱吉は儒学《じゅがく》を重んじて湯島《ゆしま》に聖堂《せいどう》を建て、和歌《わか》や古典に親しんで北村《きたむら》季吟《きぎん》を歌学方《かがくかた》に任じ、貞享暦《れき》を採用して天文方《てんもんかた》に渋川春海《しぶかわしゅんかい》《はるみ》を登用し、荒廃した寺社の再興や修築を進め、天皇陵《りょう》を調査・整備するなど、わが国の文化史上に欠くことのできない事業を実施した。また、個人的にも儒学・仏教・神道《しんとう》を学び、能《のう》をみずから舞い、書画に腕をふるうなど、教養豊かな文人《ぶんじん》将軍としての異彩を放っている。

綱吉の評伝を書いた塚本学氏は、「歴史家の多くが、元禄の時代に大きな関心を寄せても綱吉に関する著作がほとんどない」と指摘する。その原因は、綱吉が個性的な人間ながら、その魅力が今一つよくわからないのに対して、元禄時代は江戸を代表する文化が数多く生まれた魅力あふれる時代であり、江戸そのものを論じることができるところにあろう。また、塚本氏による綱吉像は、「日本社会の文明を推進した理想主義者ではあるが、小心の専制君主」というもので、パラノイア(偏執狂《へんしゅうきょう》)的性格を認めている(『徳川綱吉』)。

本書の立場もおおむねこれに近いが、他者が綱吉をどう評価したかではなく、綱吉自身が自己をどのようにみつめ、みずからが生きた時代をどのように感じ、行動したのかという点から問いなおすことで、徳川綱吉とその時代像に近づくことにしたい。

なお、本書の性格から一般によく知られる歴史事象については出典や先行研究などを逐一示すことをしなかった。史料でとくに出典を明記していない記述は、「江戸幕府日記」「神田記《かんだき》」「人見私記《ひとみしき》」（国立公文書館内閣文庫蔵）、および『徳《とく》川実紀《がわじっき》』『隆光僧正日記《りゅうこうそうじょうにっき》』に基づいている。

①——将軍就任前

戌年生まれの家光四男

徳川綱吉。のちにこう呼ばれ、江戸《えど》幕府《ばくふ》五代将軍となる人物がこの世に生を享《う》けたのは、一六四六（正保《しょうほう》三）年、干支《えと》でいえば戌《いぬ》年の一月八日のことである。夜明けより降りはじめた雪がやみ、晴れわたった青空から朝日が差し込むなか、江戸城本丸大奥《ほんまるおおおく》に男児が誕生した。すぐに「若君《わかぎみ》」と称され、長兄家綱《いえつな》▲から御《お》守《まもり》の脇差《わきざし》が贈られ、産所《さんじょ》の妖魔《ようま》を降伏《ごうぶく》させる蟇目役《ひきめやく》は大番頭《おおばんがしら》中根正成《なかねまさなり》、矢取《やとり》役《やく》はその孫にあたる九歳の正延《まさのぶ》、臍《へそ》の緒《お》を切る篦刀《へらがたな》を進上する役は松平忠国《まつだいらただくに》（丹波篠山《たんばささやま》五万石《ごく》）がつとめ、誕生を祝う儀式が執り行われた。尾張《おわり》・紀伊《きい》・水《み》戸《と》の徳川三家《とくがわさんけ》▲や諸大名《だいみょう》も登城し、祝儀《しゅうぎ》の酒が振る舞われた。

綱吉は幼名を徳松《とくまつ》と名づけられ、十四日のお七夜の祝儀では、父家光《いえみつ》▲にはじめて対顔し、脇差をあたえられた。家綱にもふたたび対顔し、腰物《こしのもの》と白銀《しろがね》二〇〇枚を贈られた。諸大名は格に応じて産衣《うぶぎ》を献上し、諸大名の世嗣《よつぎ》は樽《たる》・肴《さかな》を進上した。ただし、子・兄弟・近き親類などに疱瘡《ほうそう》や病気のある者は後日の祝

▼徳川家綱　一六四一～八〇。江戸幕府四代将軍。三代将軍徳川家光の長男。幼名竹千代。一六五一（慶安四）年一一歳で将軍宣下《せんげ》。一六六四（寛文四）年に全国いっせいに領地宛行状《りょうちあてがいじょう》を発給して統治権を確立、末期養子《まつごようし》の禁緩和、殉死《じゅんし》の禁など文治《ぶんち》政治の基礎を築く。諡号厳有院《しごうげんゆういん》。

▼徳川三家　「御《ご》三家」とも。家《いえ》康《やす》九男義直《よしなお》が尾張徳川家（尾張・美濃六一万九五〇〇石）、同十男頼宣《よりのぶ》が紀伊徳川家（紀伊・伊勢《いせ》五五万五〇〇〇石）、同十一男頼房《よりふさ》が水戸徳川家（常陸《ひたち》二五万石）を創設、将軍家を補佐した。

▼徳川家光　一六〇四～五一。江戸幕府三代将軍。二代将軍徳川秀忠《ひでただ》の次男。幼名竹千代。一六二三（元和《げんな》九）年将軍宣下。一六三二（寛永九）年父の死後から実権を握り、武家諸法度《ぶけしょはっと》の改定、「鎖国《さこく》」政策、参勤交代《さんきんこうたい》制の整備などを進めた。諡号大猷院《たいゆういん》。

儀献上《けんじょう》を命じられるなど、乳児の健康への配慮がなされた。徳松は四男ではありながら、将軍家の若君として大切に扱われていたことがよくわかる。

六月五日には、翌日の宮参りの必要から小姓《こしょう》五人が選ばれた。六日卯下刻《うのげこく》(七時ごろ)に本丸をでた一行は、江戸城内の二の丸および紅葉山《もみじやま》で宮参りをすませたあと、百軒蔵《ひゃっけんぐら》をとおって山王権現社《さんのうごんげんしゃ》へ参詣《さんけい》し、牧野信成《まきののぶなり》邸に立ち寄ったのち、江戸城本丸に戻った。午《うま》刻(十二時ごろ)からは黒書院《くろしょいん》で保科正之《ほしなまさゆき》▲、徳川三家、一門《いちもん》大名、譜代《ふだい》大名▲などが徳松へのお目見えを許され、若君のお披露目《ひろめ》となった。

三代将軍家光は正室《せいしつ》とのあいだに子はなかったが、側室《そくしつ》五人とのあいだに女子一人、男子五人の計六人の子にめぐまれた(一九ページ参照)。一六三七(寛永《かんえい》十四)年に長女千代《ちよ》(母は振《ふり》)、四一(同十八)年に長男竹千代《たけちよ》(母は楽《らく》)、四四(正保元)年に次男長松《ちょうまつ》(母は夏《なつ》)、四五(同二)年に三男亀松《かめまつ》(母はまさ)、四六年に四男徳松(母は玉)、四八(慶安《けいあん》元)年に五男鶴松《つるまつ》(母は里佐《りさ》)である。

長兄竹千代(のちの家綱)は、一六四五年に元服《げんぷく》し、五歳で従三位《じゅさんみ》権大納言《ごんだいなごん》に叙任され、即日正二位《しょうにい》に推任された。綱吉の誕生時も世嗣として祝儀に臨ん

▼**保科正之**　一六一一〜七二。秀忠四男。幼名幸松《こうまつ》。肥後守《ひごのかみ》。保科家に養子、一六三一(寛永八)年信濃高遠《しなのたかとお》三万石を継ぎ、三六(同十三)年出羽《でわ》山形二〇万石、四三(同二十)年陸奥会津《むつあいづ》二三万石。家光の遺言で家綱を補佐し、幕政《ばくせい》に深く関与。

▼**譜代大名**　基本的には三河《みかわ》以降、関ケ原合戦《せきがはらかっせん》以前に徳川氏に臣従《しんじゅう》した武士で、一万石以上を領する大名の格式だが、土井《どい》・堀田《ほった》・柳沢《やなぎさわ》・間部《まなべ》・大岡《おおおか》・田沼《たぬま》など、幕府成立後に将軍との関係で新規に取り立てられた家も含む。老《ろう》中《じゅう》はじめ幕府の要職に就いた。

でおり、他の庶弟たちとは扱いに明らかな差があった。他方、亀松は三歳、鶴松は一歳で早世したため、綱吉が同じ庶弟の立場にあるこの二人と接することはほとんどなかっただろう。

二歳違いの次兄長松は家光が四一歳のときの子であり、「四十二ノ御二ツ子」▲を忌《い》む慣習のため、家光の姉天樹院《てんじゅいん》▲のいる三の丸屋敷で出生し、その後も天樹院の養子として育てられた。一六四九（慶安二）年九月二十三日に竹橋《たけばし》の屋敷をあたえられ、五一（同四）年、家光の死の直前に賄料《まかない》一五万石余をえて、以後は徳松の兄として遇された。家綱が右《う》大臣に転任した一六五三（承応《じょうおう》二）年八月十二日に従三位左馬頭《さまのかみ》左近衛中将《さこのえのちゅうじょう》に叙任され、家綱の偏諱《へんき》をえて綱重《つなしげ》を名乗った。一六五七（明暦《めいれき》三）年の明暦の大火▲で竹橋屋敷を焼失したため、七月二十六日にあらたに造営された桜田《さくらだ》屋敷に移った。一六六一（寛文《かんぶん》元）年閏《うるう》八月九日に甲府《こうふ》をあたえられ、一〇万石を加増されて二五万石を領し、同年十二月二十八日に参議《さんぎ》に任じられた。

綱吉は兄綱重と同様に、一六五一年四月三日に賄料一五万石を近江《おうみ》・美濃《みの》・信濃《しなの》・駿河《するが》・上野《こうずけ》の内であたえられ、以後は綱重と「同格」とされた。一六五二

▼**「四十二ノ御二ツ子」**　父親が四二歳のときに二歳になる子は、一家一門に祟《たた》るという俗説。当時は数え年のため、出生時に父親の年齢が四一歳の子が該当する。

▼**天樹院**　一五九七〜一六六六。秀忠長女。「千姫《せんひめ》」。豊臣秀頼《ひでより》に嫁ぎ、大坂夏の陣後、江戸に戻り、本多忠刻《ただとき》に再嫁。忠刻の死後、落飾《らくしょく》して天樹院と号す。

▼**明暦の大火**　一六五七（明暦三）年一月十八日に本郷丸山《ほんごうまるやま》の本《ほん》妙寺《みょうじ》から出火し、翌日まで続いた大火。江戸の六割を焼失し、一〇万人以上が死亡したと伝わる。このとき、江戸城の天守閣《てんしゅかく》も炎上し、以後再建されなかった。「振《ふり》袖《そで》火事」とも。

明暦の大火(『江戸火事図絵巻』部分)

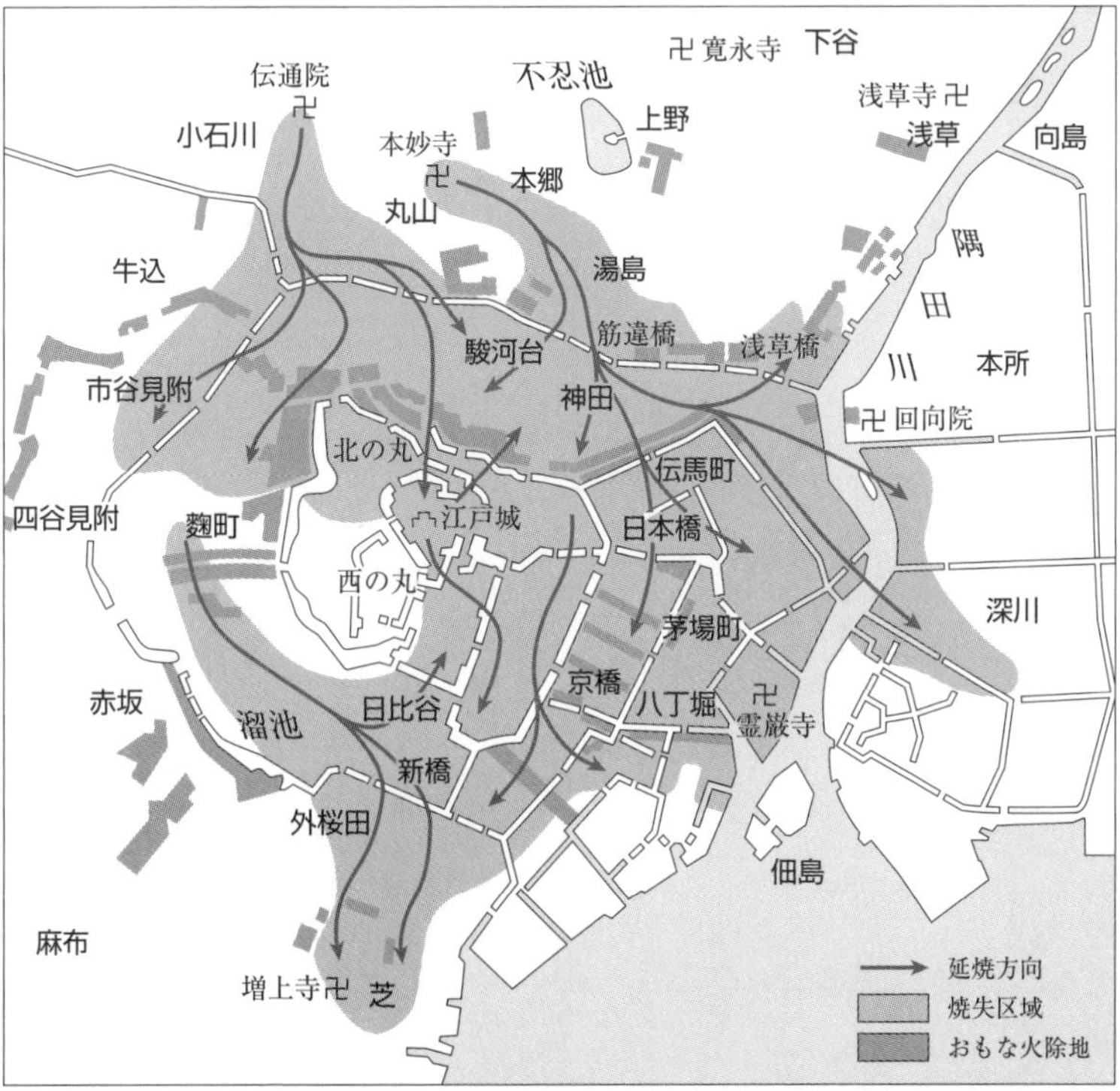

明暦の大火焼失地図(吉原健一郎・大濱徹也『江戸東京年表』による)

（承応元）年三月二十六日に竹橋の屋敷に移り、翌年八月十二日に従三位右馬頭《うまのかみ》左近衛中将に叙任され、将軍家綱の偏諱をえて綱吉と名乗った。明暦の大火により屋敷が焼失したため、その年の九月二十八日にあらたに造営された神田《かんだ》の屋敷に移った。一六六一年閏八月九日に上野館林《たてばやし》をあたえられ、一〇万石を加増されて二五万石となり、同年十二月二十八日に参議に任じられた。

このように父の死の直前から綱重・綱吉兄弟は同格の扱いとなり、加増や昇進なども同じであった。甲府宰相《さいしょう》・館林宰相、あるいは二人の官職名（左馬頭・右馬頭）の唐名《とうみょう》をとって「両典厩《りょうてんきゅう》」と称されたが、儀礼などの場面では長幼の序から兄綱重、弟綱吉の順で扱われた。なお、二人の名字は、徳川ではなく松平を用いていた。つまり、将軍家を継ぐ前の名は、松平綱吉であった。

綱重は、兄家綱に先立ち一六七八（延宝《えんぽう》六）年九月十四日に死去する。享年三五であった。伝通院《でんづういん》にほうむられ、清揚院《せいよういん》と諡号《しごう》された。世嗣の綱豊《つなとよ》が遺領を継ぎ、一六八〇（延宝八）年八月十八日に参議、九月十六日に一〇万石を加増され、九〇（元禄《げんろく》三）年十二月十五日に中納言、一七〇四（宝永《ほうえい》元）年十二月五日に綱吉の養子に迎えられ、同日西の丸に移った。のちの六代将軍家宣《いえのぶ》▲である。

▼**徳川家宣**　一六六二〜一七一二。江戸幕府六代将軍。幼名虎松《とらまつ》。初名は綱豊。家光次男綱重の長男。一六七八（延宝六）年父の死後、甲《か》斐《い》甲府二五万石を継ぐ。一七〇四（宝永元）年叔父綱吉の養子となり、家宣と改名。在職三年で死去。諡号文昭院《ぶんしょういん》。

綱吉の家族

綱吉の生母は、家光の側室の一人、お玉の方《かた》である。二条《にじょう》家の侍《さむらい》北小路《きたのこうじ》太郎兵衛宗正《たろうひょうえむねまさ》の娘（『徳川実紀《とくがわじっき》』）、京都堀川通西藪《ほりかわどおりにしやぶ》町の八百屋仁左衛門《やおやにざえもん》の娘（「柳営婦女伝系《りゅうえいふじょでんけい》」）など諸説あるが、いずれも京都の出身とする。六条《ろくじょう》宰相有純《ありずみ》の娘万《まん》（家光側室）の縁をもって京都より江戸にくだり、大奥の女中として採用され、春日局《かすがのつぼね》の指図で家光の側女中《そばじょちゅう》として仕え、名を秋野《あきの》と称したという。一九歳で亀松を産んだ翌年に綱吉を出産しており、家光の寵愛《ちょうあい》も深かったのだろう。一六五一（慶安四）年に家光が没すると桂昌院《けいしょういん》と称した。

その後、桂昌院の居場所は不詳だが、綱吉が館林をあたえられ江戸城外の竹橋屋敷に移ると、その下《しも》屋敷である白山《はくさん》の屋敷を居所とした。綱吉が将軍に就任した年（一六八〇〈延宝八〉）の十一月十二日に、江戸城三の丸に移り、以後は「三の丸様《さま》」と称された。一六八四（貞享《じょうきょう》元）年に従三位に叙され、九六（元禄九）年一月十三日に七十賀を迎え、一七〇二（同十五）年三月九日に従一位《いちい》に叙され、以後は「一位様」と称された。

綱吉の正室は摂政鷹司教平《せっしょうたかつかさのりひら》の娘信子《のぶこ》で、一六六四（寛文四）年に婚礼をあげた。父家光の正室孝子《たかこ》も鷹司家出身であったが、家光より二歳年長であり、二人の仲は疎遠であったという。信子にとって孝子は曽祖父の妹にあたる。

一方、信子も子にめぐまれなかったが、綱吉との仲は悪くはなかった。神田屋敷で信子はときどき奥から表座敷にでて綱吉と一緒にすごし、能をみたり、神田祭礼や山王《さんのう》祭礼などを見物したりしている。それは綱吉の側室に子が生まれてからも変わらず、将軍家御台所《みだいどころ》となってからも大奥をでて綱吉とすごしたり、綱吉の大名邸御成《おなり》に同行したりしている。

ドイツ人医師ケンペル▲が江戸城本丸奥▲にある御座《ござ》の間《ま》で、御簾《みす》のうしろに隠れた綱吉と信子や多くの女中たちの前で歌やダンスなどをして数時間も見物された話は有名で、彼女たちが大奥からでてきていたことがわかる(片桐一男「ケンペルの描いた『蘭人御覧』の部屋はどこか」)。そのおりにケンペルが「美しい御台所の方」を何回もみていると、綱吉は「その方どもは御台の方をじっとみておるが、その座所を承知しておるに相違《そうい》あるまい」という旨のことを日本語で述べたという。ケンペルは当時四〇歳の信子を三六歳ぐらいと推測し、「ヨーロッパ人のような黒い瞳をした、若々しい褐色がかった円《まる》みのある美しい顔立ち」、

▼**ケンペル**　一六五一〜一七一六。エンゲルベルト＝ケンペル。一六九〇(元禄三)年長崎出島《でじま》のオランダ商館長付医師として来日、約二年間の滞在中に九一(同四)年、九二(同五)年と二度参府し、旅行記(『日本誌《にほんし》』)を著わす。

▼**本丸奥**　表《おもて》と大奥の中間に設けられた将軍の執務・生活空間。

江戸城におけるケンペル（ケンペル『日本誌』） 1692（元禄５）年，ケンペルにとって２度目の江戸参府のときのもの。中央で立ち上がって踊っているのがケンペル。６に座すのが牧《まき》野《の》成貞《なりさだ》（28ページ参照）。右側の御簾には，ようすをのぞき見しているとおぼしき顔が描かれている。

「頭部から判断して大きな体格」と述べて、堂々とした彼女の美しさを認めている。公家《くげ》出身の由緒《ゆいしょ》正しい出自に加え、美しい容姿をもつ信子は、まさに将軍家御台所にふさわしい風格と資質とを備えており、西洋人の目にもそれは明らかだったのだろう。なお、桂昌院が従一位に任じられたのちは、それまで御台様・桂昌院様の順であったものが逆転し、桂昌院様・御台様の順で扱われるように変化した。位階《いかい》からいえば当然のこととはいえ、母を敬う綱吉の強い意向によるものであろう。

綱吉には、一六七七(延宝五)年六月十五日に長女鶴《つる》、七九(同七)年五月六日に長男徳松が生まれた(「神田記《かんだき》」国立公文書館内閣文庫蔵)。いずれも母は側室お伝《でん》の方である。

館林宰相時代

綱吉は館林二五万石を領したが、おそらく一度しか館林を訪れていない。一六六三(寛文三)年四月、将軍家綱が日光《にっこう》▲に参詣したのに続いて、五月には綱重・綱吉が参詣した。綱吉は四日に出発して日光で参詣をすませたのち、帰路

▼**日光**　栃木県日光市。家康をまつる東照宮《とうしょうぐう》や家光の墓である大猷院廟がある。

の途中九日にはじめて館林に入城した。十五日には江戸に戻り、将軍に面謁《めんえつ》しているので、滞在期間はわずか数日であった。

館林宰相時代の綱吉の動静を伝える「神田記」によれば、綱吉の儒学《じゅがく》の師は幕府儒医《じゅい》の人見元徳《ひとみげんとく》▲法印《ほういん》であった。一六五二(承応元)年の日記に名がみえ、綱吉の脈をみることもあったが、幕府儒医を退任後も頻繁に神田屋敷に参上した。講読の内容は日記からは明らかではないが、「憲廟実録《けんびょうじつろく》」によれば、綱吉は四書《ししょ》のうち、とくに『孝経《こうきょう》』▲『大学《だいがく》』▲の二書に慣熟《かんじゅく》し、注もあわせて諳《そら》ずることができ、先祖をまつる朝夕には、夜もすがら仮眠もしないで『孝経』を誦《しょう》することが常であったという。

綱吉の武芸修練の始期についても不詳だが、一六七五(延宝三)年一月三日には乗馬初《ぞ》めの記事がある。指南役は古河木久左衛門《もくざえもん》と今藤孫兵衛《まごべえ》の二人で、綱吉は奥で御膳《ごぜん》(食事)をすませたのち馬場にでている。晩には引き続いて御謡《おうたい》初めの式があり、囃子組《はやしぐみ》で、高砂《たかさご》・東北《とうぼく》・祝言能《しゅうげんのう》を催し、そのようすはほとんど将軍家と同じであった。一六七八(延宝六)年の日記では、一月三日に六半時《むつはんどき》(午前七時ごろ)に馬場で乗馬初めをしたあと、九つ時《ここのどき》(正午)前に柳生宗在《やぎゅうむねあり》▲の来

▼**人見元徳** 一六〇四〜八四。儒医人見友徳《ゆうとく》の五男。諱《いみな》は賢知《かたとも》。京都出身で、小児科医を業《なりわい》とし、一六二一(元和七)年に禁裏《きんり》医師、一六三七(寛永十四)年法橋《ほうきょう》。一六四一(寛永十八)年誕生の家綱の侍医となり、七〇〇石をあたえられ、七四(延宝二)年に致仕《ちし》。

▼**『孝経』** 儒教《じゅきょう》十三経の一つ。編者未詳。孔子《こうし》と弟子の曾子《そうし》の問答形式で孝道《こうどう》について述べ、孝を最高道徳、治国の根本と説く。

▼**『大学』** もとは礼記《らいき》の一篇であったが、独立した一書となり、論語《ろんご》・孟子《もうし》・中庸《ちゅうよう》とともに四書として儒教の基本書となった。身を修《おさ》めることから治世の根本原則を述べる。

▼**柳生宗在** 一六五四〜八九。徳川将軍家剣術指南役。一六七五(延宝三)年に大和《やまと》柳生一万石を継ぎ、従五位下《ごいげ》対馬守《つしまのかみ》に叙任。

邸を受けて剣術初め、続いて御謡初めをこなした。一六七九(延宝七)年は記載がないが、八〇(同八)年も三日に乗馬・剣術初めをしている。同年四月十一日に綱吉は下屋敷に出向き、はじめて柳生宗在をもてなした。相伴《しょうばん》として人見元徳も参上した。綱吉は裃《かみしも》を着て新座敷で対面し、剣術稽古をしたのち、正午から料理や酒が振る舞われた。謡《うた》いが始まり、囃《はやし》三番、小謡《こうたい》が続き、綱吉の強い願いで宗在に能の東北を舞ってもらった。能を好む綱吉の性向が、すでにこのころからみえている。雨天のため茶屋での会は中止となり、薄茶と菓子をだして八《や》つ時《どき》(午後二時ごろ)に二人の退座となった。綱吉は座敷の内まで見送りをしたが、これは「師故《しゆえ》」であったという。礼を重んじる綱吉の一面がよくでている。このほか、綱吉は小笠原丹斎《おがさわらたんさい》▲について給仕作法《きゅうじさほう》を稽古しており、儀礼における礼法《れいほう》にも意を払っていたことがわかる。

▼**小笠原丹斎**　一六一八～七八。初名貞則《さだのり》、直経《なおつね》、剃髪後丹斎。清《きよ》経《つね》を祖とし、小笠原流礼法を伝える。一六三六(寛永十三)年剃髪して家光に初目見え、七八(延宝六)年家伝書《かでんしょ》二〇冊などを献ず。

②——五代将軍への就任

将軍宣下

一六八〇（延宝《えんぽう》八）年五月六日。この日は綱吉の長男徳松《とくまつ》の二歳の誕生日であり、神田《かんだ》屋敷の奥では誕生祝いが催されていた。その七《なな》つ時《どき》（午後四時ごろ）、登城を要請された綱吉は、江戸《えど》城本丸《ほんまる》奥にある御座《ござ》の間《ま》で家綱《いえつな》に対面し、直々に「御代継《およつぎ》がいないので、御養子に遊ばされる」と伝えられ、家綱から熨斗《のし》鮑《あわび》を手渡された。そして、明日七日に二の丸において諸大名《だいみょう》から礼を受けるように、と指示された。

明けて七日。午前中に登城した綱吉は、まず二の丸で一門《いちもん》や在府の諸大名の礼を受けたあと、本丸にはいり、家綱から盃《さかずき》、正宗《まさむね》の刀・国光《くにみつ》の脇差《わきざし》をあたえられ、大納言《だいなごん》に任じられた。その後、二の丸にはいったのち、将軍世嗣《よつぎ》の住居である西の丸の準備ができしだい、そこに移ることになった。ところが、八日申上刻《さるのじょうこく》（午後三時ごろ）に家綱が没したため、綱吉の将軍就任が確定し、西の丸入りも中止となった。

二の丸にはいった綱吉は食事の量が減り、五月二十四日になってようやく二度の食事を全部食べることができるようになった。その間に外出もせず養父の喪《も》に服し、六月十八日に家綱廟《びょう》にはじめて参詣《さんけい》した。堀田正俊《ほったまさとし》▲が著わした『颺《よう》言録《げんろく》』によれば、綱吉は五〇日の喪に服するあいだ、襟《えり》を正して座し、園庭へもでず、斎戒《さいかい》をして沈黙し、長話すらしなかったという。減食は、三〇代半ばで男兄弟をみな亡ったための精神的憔悴《しょうすい》というよりは、喪《も》に徹するあまりのことであった。また、綱吉は二の丸にはじめて移ったとき、家綱が日常用いていた厠《かわや》の使用を憚《はばか》った。そのため、一昼夜をかけてあらたに厠をつくらせたが、その間、綱吉は食事を減らし、厠へいかなかったという。一見すると奇行のようだが、綱吉が将軍就任以前から穢《けが》れや不浄の観念に強く影響を受けていたことを示す事柄である。

六月二十四日には水戸徳川光圀《みととくがわみつくに》▲が登城し、綱吉に精進落《しょうじんおと》しを勧めた。喪に服して四七日をすぎていた。綱吉は「今しばらく」と告げて喪に服したい意向を示すと、大老酒井忠清《たいろうさかいただきよ》▲や老中《ろうじゅう》からも「明日」の精進落しを強く勧められた。しかし、これは綱吉の意が尊重され、二十九日に精進落しとなり、諸大名から格式に応

▼**堀田正俊**　一六三四〜八四。堀田正盛《まさもり》三男。備中守。春日局《かすがのつぼね》の養子となり、一六四一(寛永《かんえい》十八)年に家綱の小姓。父の遺領のうち一万石を分知され、若年寄、老中をへて、綱吉将軍就任後に大老。その間加増を受け、一六八二(天和二)年都合一三万石。若年寄稲葉正休により刺殺。

▼**徳川光圀**　一六二八〜一七〇〇。幼名長丸《ちょうまる》、千代松。号は常《じょう》山《ざん》・日新斎《にっしんさい》・西山《せいざん》など。中納言《ちゅうなごん》の唐名《とうみょう》である「黄門《こうもん》様」として有名。一六六一(寛文元)年家督を継ぎ、水戸藩主。一六九〇(元禄三)年隠居。儒学を学び、『大日本史《だいにほんし》』の編纂に着手。

▼**酒井忠清**　一六二四〜八一。雅楽頭。上野厩橋《こうずけうまやばし》一五万石。秀《ひで》忠《ただ》年寄として活躍した忠世《ただよ》の孫。家綱のもとで政権を掌握した。屋敷が大手門下馬札《げばふだ》前にあったため死後に「下馬将軍」と呼ばれた。

じて肴《さかな》が献上された。三十日は家綱の遺物を分けあたえ、七月一日は寛永寺《かんえいじ》▲家《いえ》光《みつ》廟、二日は増上寺《ぞうじょうじ》▲秀忠《ひでただ》廟、八日は寛永寺家綱廟に参詣するなど、一連の行事をこなした。その間、綱吉は神田屋敷に残した家族と離れ、二の丸ですごしていた。

七月十日巳《み》上刻（午前九時ごろ）に綱吉は二の丸をでて本丸に移った。これに連動して、信子《のぶこ》と鶴《つる》と伝《でん》が一緒に辰《たつ》上刻（午前七時ごろ）に神田屋敷をでて平川《ひらかわ》口《ぐち》より本丸大奥《おおおく》へ移り、十八日には桂昌院《けいしょういん》も本丸大奥にはいった。綱吉は二十一日から二十三日まで代替わりの祝儀《しゅうぎ》を諸大名から請け、八月二十三日に将軍宣下《せんげ》の儀式があった。この間、綱吉の呼称は、二の丸にはいったのちに「大納言様」、中陰《ちゅういん》（四十九日）をすぎてから「上《うえ》様」、八月二十六日より「公方《くぼう》様」と称された（「重朗日記抜萃《しげろうにっきばっすい》」）。この日、綱吉は寛永寺に参詣した。江戸幕府五代将軍となった綱吉のはじめての御成《おなり》であった。

宮将軍擁立説

家綱の養子候補は、嫡庶長幼の序からすれば、第一に家綱なきあとに嫡系を

▼**寛永寺**　東京都台東区《たいとう》上野《うえの》にある天台宗《てんだいしゅう》寺院。東叡山《とうえいざん》。一六二五（寛永二）年に天海《てんかい》が創建。家光・家綱・綱吉・吉宗《よしむね》・家治《いえはる》・家《いえ》斉《なり》・家定《いえさだ》・慶喜《よしのぶ》およびその夫人の廟《びょう》が営まれた。

▼**増上寺**　東京都港《みなと》区芝《しば》公園にある浄土宗《じょうどしゅう》寺院。三縁山《さんえんざん》。徳川家康の帰依を受けて徳川家菩提《ぼだい》所《しょ》となった。秀忠・家宣《いえのぶ》・家継《いえつぐ》・家重《いえしげ》・家慶《いえよし》・家茂《いえもち》をはじめ、秀忠正室崇源院《そうげんいん》・綱吉生母桂昌院・静《せい》寛院宮《かんいんのみや》（家茂正室《せいしつ》和宮《かずのみや》）などの御《お》霊屋《たまや》が造営された。

継ぐことになる甥の綱豊《つなとよ》(一九歳)、つぎに弟の綱吉(三五歳)、あるいはその子で甥の徳松(二歳)、これに三家《さんけ》(尾張《おわり》・紀伊《きい》・水戸)が続いた。結果は、優先順位の高い綱豊を超えて綱吉が養子に決まったが、同時に徳松が館林《たてばやし》二五万石を継ぐことが公表された。このことから、綱吉には中継ぎ的な相続が期待されていたことが明らかとなる。言い換えれば、綱吉の将軍職就任が固定的・永続的なものであれば、徳松は自動的に将軍家世嗣となるはずだが、そうはならなかった。その理由は、一六七八(延宝六)年・七九(同七)年と家綱の側室《そくしつ》が懐妊しており(結果は死産)、家綱の病気が回復すれば実子誕生の望みがあること、かつ大奥に家綱の子を妊娠中の女中がいる可能性があったためである。

したがって、武家《ぶけ》相続法▲の慣例に従い、実弟による中継ぎ相続の形をとり、かりに綱吉が将軍職についても家綱の実子が成長すれば将軍職をその子に譲ることが期待されていた。しかし、実際に大名家などで中継ぎ相続をした兄弟が、嫡系の子に家督を譲ろうとせず、自分の子に相続させようとして騒動になるケースがしばしばみられた。将軍家でも同様の危険があり、綱吉が徳松に将軍職を譲ろうとして騒動になるかもしれなかった。そのため、綱吉は養子になるに

▼**武家相続法**　慣習法の一つ。武家社会では嫡系《ちゃくけい》による長子単独相続を重んじたが、嫡子が幼少の場合には当主の兄弟に中継ぎとして相続させ、嫡子の成長後に家督を相続させる方法がとられた。

寛永寺徳川綱吉霊廟勅額門《ちょくがくもん》(東京都台東区上野)

徳川氏略系図

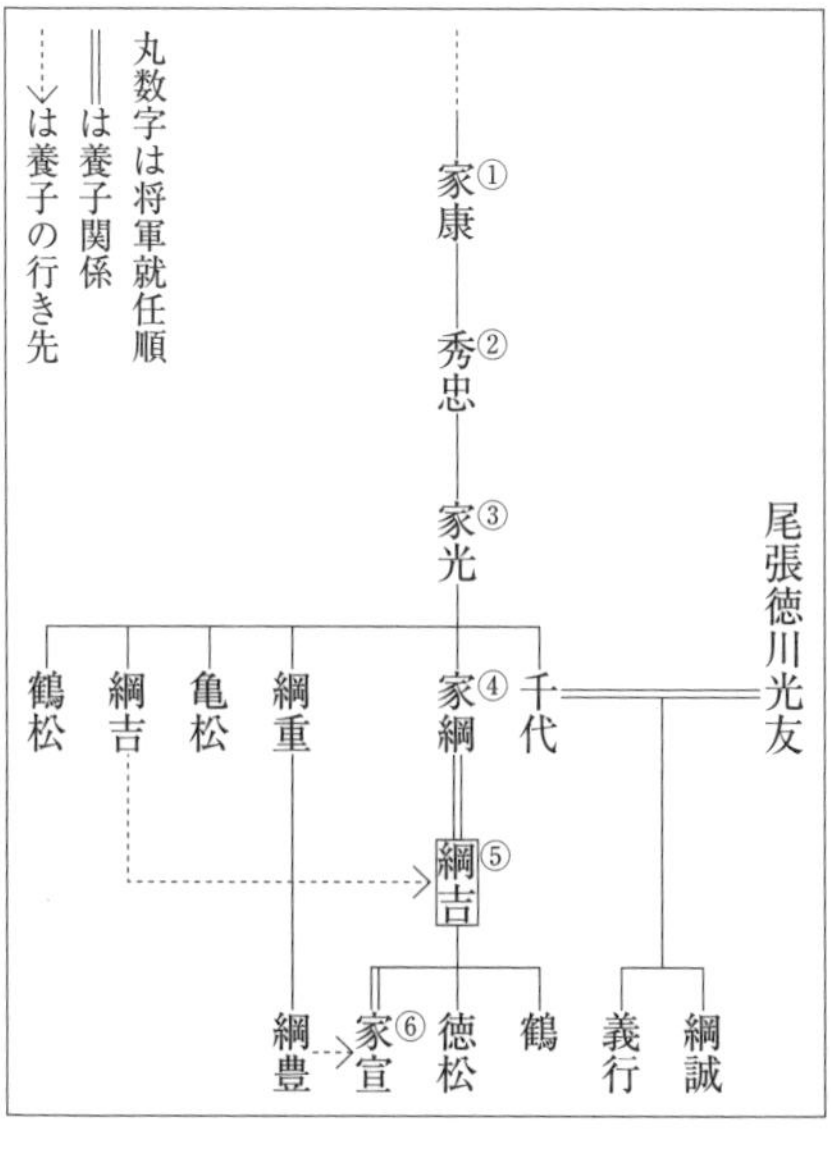

あたり、家綱に男子が産まれたら必ず将軍職をその子に譲る旨の誓詞《せいし》（起請《きしょう》文《もん》）を書かされたとも噂《うわさ》された（「大和守日記《やまとのかみにっき》」）。

養子決定にあたっては、大老の酒井忠清が京都から有栖川宮幸仁親王《ありすがわのみやゆきひとしんのう》を迎えて宮《みや》将軍を擁立し、鎌倉幕府《かまくらばくふ》における北条氏《ほうじょうし》のようにみずからが執権《しっけん》となって権勢をふるおうとしたが、綱吉が将軍となったために失脚したという宮将軍擁立説が伝わる。戸田茂睡《とだもすい》▲が書いた『御当代記《ごとうだいき》』によれば、忠清が「綱吉様は天下をおさめるような器量はなく、この君が天下の主となられれば、諸人が困窮し、悪逆のことが積もり、天下の騒動となるだろう」といって反対し、「家康《いえやす》様の子孫であれば誰でもよいが、家綱様の甥の三人（綱重《つなしげ》の子綱豊、綱吉の子徳松、千代《ちよ》の子尾張徳川義行《よしゆき》）のうちでは綱豊様に優先順位があるので、しばらく有栖川宮を養子に迎えて国政を執り行い、その後、有栖川宮から尾張徳川家を継いでいる綱誠《つななり》様（千代の子）、あるいは義行様に天下を譲れば天下泰平《たいへい》にして御代万代《みよばんだい》になる」との考え方を示した。しかし、これを進めるまもなく家綱の病状が急変したため、綱吉が養子に決した。この経緯を江戸城本丸に移り住んだ綱吉に堀田正俊が逐一報告したため、綱吉は正俊を忠臣と思い、忠清を憎む

▼**戸田茂睡**　一六二九～一七〇六。通称茂右衛門《もえもん》。露寒軒《ろかんけん》・梨《なしの》本《もと》・隠家・不求橋・憑雲寺などと称する。渡辺忠の六男。叔父戸田政次《まさつぐ》の養子となる。江戸前期の歌人《かじん》として知られる一方、批判性の高い『御当代記』を記した。

ようになったという。

中継ぎ相続後の騒動を避けるために、便宜的に貴種としての宮家の血統を利用する案が浮上したのかもしれないが、家綱の血縁関係者が多数いることや、当時の江戸幕府の政治体制からみて、宮将軍の擁立は実現性がかなり低いし、忠清が本当に右のような主張をしたのかも疑わしい。そのなかで、綱吉の養子がすんなりとは決まらなかったことは事実であり、さらに右のような悪意に満ちた噂がまことしやかに囁《ささや》かれていたことは十分にありえよう。

綱吉に予定されていた人生は、三代将軍家光《いえみつ》の四男、かつ四代将軍家綱の異母弟という立場で大過なくおえるものであった。兄家綱が「生まれながらの将軍」として育てられ、武家の棟梁《とうりょう》たる征夷《せいい》大将軍に就任した人生に較べれば、綱吉は庶子として一生をおえるはずであった。はからずも三人の兄の早世により、三五歳の壮年で将軍職に就くことになったが、当初から中継ぎ的な役割を期待されてのことであった。

「天下をおさめる器量なし」。綱吉は、自分にそそがれたこうした冷ややかな視線をどのように感じていたのだろうか。

▼**稲葉正則** 一六二三〜九六。美濃守。号は泰応《たいおう》。春日局に育てられ、父正勝《まさかつ》の死後に相模《さがみ》小田原《おだわら》八万五〇〇〇石を継ぎ、のち一一万石。一六五七(明暦《めいれき》三)年より老中、八〇(延宝八)年酒井忠清免職後から大老格《かく》、八三(同三)年致仕。

将軍権威の創出

綱吉は将軍就任の一連の儀礼をおえたあと、十二月九日に病気を理由に酒井忠清の大老職を免じた。これを申し渡した老中稲葉正則《いなばまさのり》▲の日記には「御懇《おねんご》ろの上意《じょうい》」であったと記され、稲葉は帰宅途中に忠清邸を訪れて祝儀を述べている。翌日、綱吉は忠清の嫡子忠明《ただあきら》(忠挙《ただたか》)を面前に招き、忠清が油断なく養生《ようじょう》するようにと念入りに伝えた。実際に忠清は病気がちであり、綱吉も内心はどうあれ、表向きは円満に事を運んでいたのである。このころから越後《えちご》騒動に対する再審の動きがあり、騒動の調停に深くかかわった忠清にも嫌疑《けんぎ》の目が向けられつつあったとはいえ、綱吉が忠清を憎むあまり、将軍に就任するとすぐに「失脚《しっきゃく》」「罷免《ひめん》」させたとするのは事実に反している(福田千鶴『酒井忠清』)。

酒井忠明は十二月十七日付で国元《くにもと》の家中《かちゅう》に書状を送り、先のことは不明としながらも、今回のこと(父忠清の大老免職)は「上《うえ》に御威《おんい》」がつくようにと忠清が考えてのことであり、忠明も同じ考えなので、領地前橋《まえばし》ではとくに慎しみ、家中の者が言葉の末にも「公儀《こうぎ》」のことをとやかくいわないようにと厳命した(「姫路《ひめじ》酒井家文書」)。つまり、忠明の説明では、大老免職は綱吉を権威づけるための忠清の配慮だというのである。

酒井家では免職後に大手門《おおてもん》前の上屋敷《かみやしき》の門をかたく閉ざし、誰とも面会をたった。綱吉から命じられたわけではなかったが、みずからの判断で謹慎の体《てい》をとったのである。さらに翌年一月八日には上屋敷をみずから返上したので、綱吉はのちにこの屋敷を堀田正俊にあたえた。二月二十七日には忠清の隠居・致仕《ちし》の願いを聞き入れ、忠明の家督《かとく》相続が許された。そして、忠清は五月十九日に五八歳で没した。自殺とも噂された。

四代将軍のもとで重用され、幕府の儀礼と政治とを一手に担っていた譜代《ふだい》名門の酒井雅楽頭《うたのかみ》家の役務と格式とを、綱吉はあらたに大老に任じた堀田正俊に委譲させて幕府儀礼構造を維持させた。正俊が暗殺されると、月番《つきばん》老中と側用人《そばようにん》に役割を分掌させ、政権の維持をはかっていく。

一方、酒井家に取ってかわった堀田家には「家綱遺言状」と伝わる文書がある(二五ページ写真参照)。本文には、「一、此書付《このかきつけ》の段、一たん《（段）》もつともにて候、かやうニいたし候様可レ申事《もうすべきこと》」とあり、封の上書《うわがき》には「用候《もちいそうろう》書付、備中守方《びっちゅうのかみかた》へ」とある。軸装《じくそう》され、堀田正俊の自筆で「厳有院殿不予之間《げんゆういんでんふよのあいだ》、於二御床所一《おんとこどころにおいて》自《じ》

書之《しょの》　御筆跡也《おんひっせきなり》、延宝八（一六八〇）年庚申《こうしん》五月五日以二大久保忠直一《おおくぼただなおをもって》賜レ之《これをたまう》、同月八日　薨《こうず》」と記されている。つまり、危篤の床にある家綱が老中堀田正俊に宛て自筆で一書をつくり、五月五日に大久保忠直▲を通じて正俊にあたえたもので、正俊はこの文書を根拠に宮将軍を迎えようとする大老酒井忠清の専横《せんおう》を阻止したと伝えられる。

ところが、文書には家綱が「もっとも」と承知した内容の具体的な記載はない。この点については、封の上書を「用不書付《ようはかきつけず》」と読み、わざと内容は書かなかったと解釈するものもあるが、本文の字体（「書付」）と照らせば、ここは「用候書付」と読むべきであり、「候」の字を「不」と読むことはむずかしい。しかも、これほど重要な文書でありながら、書付の内容がまったく確認できないのは疑問が残るし、この書付が家綱の自筆かどうかも検討されておらず、本当にこの文書を正俊が綱吉にみせたのかどうかも確証はない。

このように謎の多い文書ながら、これまでは堀田家にとっての意味、つまり正俊の綱吉に対する忠義を示すものと評価されてきた（堀田正久『堀田家三代記』）。それ自体はまちがいないだろうが、綱吉にとっての意味もあったのではなかろ

▼**大久保忠直**　一六三〇〜一七一一。書院番《しょいんばん》に列し、一六五〇（慶安《けいあん》三）年家綱の小姓組番、六一（寛文元）年小納戸、家綱の病床に近侍おこたりなきゆえをもって、家綱死後に五〇〇石を加増され、伊予守《いよのかみ》に任ぜられる。

徳川家綱像

一、此書付の段一たんもつとも
にて候、かやうニいたし候様
可申事、

圭

用候書付

備中守方へ

寸

厳有院殿不予之間於御床所自書之　御筆跡也
延宝八年庚申五月五日以大久保忠直賜之同月八日　甍

筑前守堀田氏紀正俊
（「正俊之大老印」）印

伝徳川家綱遺言状（上）と釈文　家綱が病床で自書したとされる。

うか。この文書の存在こそは、綱吉の将軍襲職《しゅうしょく》は偶発性によるものでなく、先代家綱の意志による正統な継承であったことを権威づけるための手段だった。つまり、この文書を軸装して大切に保管した行為の裏には、正俊にも綱吉に将軍としての権威付けを必要とする考えがあったことを示している。

『颺言録』（堀田正俊著）によれば、綱吉が「先代までは受禅《じゅぜん》（天下人《てんかびと》の特権を受けること）によって嗣《つい》できたので常（いつまでも同じ姿で長く続くこと）であるが、自分は受譲《じゅじょう》（話合いによって天下人の地位を譲られること）なので非常（普通とは異なる状態）である。なぜ前例を用いなければならないのか」と述べたという話や、家綱が五歳で大納言任官を受けた先例から、五歳になる徳松に任官の密詔《みっしょう》が朝廷から伝えられた際に、綱吉は「先君（家綱）の先例があるとはいえ、自分はもともと天下の主に備わっていたのではなく、先君に世嗣がいないから偶々《たまたま》国家の譲を受けただけであり、自分の立場でどうして先君の例に従えようか」と述べて固辞したという話を載せる。

綱吉は、「生まれながらの将軍」ではないという自己認識に加え、周囲からも中継ぎを期待されて将軍職に就いた。その状況のなかで、綱吉自身がまず自尊心を回復し、新将軍としての権威を確立する必要があり、周囲もそのために苦慮していたのである。そしてまた、こうした状況におかれたことこそが、綱吉にそれまでの武家政権とは異質な独自の政治路線をとらせる大きな分岐点となっていった。

越後騒動の再審

越後騒動とは、越後高田《たかだ》の松平《まつだいら》家に生じた家中騒動である。一六七四（延宝二）年に藩主松平光長《みつなが》▲の嫡子綱賢《つなかた》が死去したため、養子をめぐる家督争いが生じ、七九（同七）年一月には家老《かろう》小栗美作《おぐりみまさか》の襲撃事件に発展した。光長から相談を受けた一門大名の松平直矩《なおのり》（播磨《はりま》姫路一五万石）・松平近栄《ちかよし》（出雲広瀬《いずもひろせ》三万石）、大老酒井忠清・老中久世広之《くぜひろゆき》・大目付《おおめつけ》渡辺綱貞《わたなべつなさだ》らが調停したが、騒動はおさまらず、十月に反小栗派の荻田主馬《おぎたしゅめ》ら首謀者五人が幕府評定所《ひょうじょうしょ》に召喚され、将軍家綱の上意により徒党《ととう》の罪とされ、五人は光長の一門大名にあずけられた。

ところが、このあとも騒動は沈静化せず、脱藩者があいつぎ、幕府に騒動の再審を強く要請した。そのため、一六八〇（延宝八）年十二月より審議が再開さ

▼**松平光長**　一六一五〜一七〇七。幼名仙千代《せんちよ》。一六二三（元和《げんな》九）年父忠直が豊後《ぶんご》萩原《はぎわら》に配流《はいる》後、母勝《かつ》（秀忠三女）とともに江戸城内ですごし、二四（寛永元）年越前《えちぜん》北庄《きたのしょう》から越後高田二五万石に移される。一六八一（天和元）年越後騒動により伊予松山《まつやま》に配流、八七（貞享四）年許されて江戸に戻った。

れ、主審は大老格の稲葉正則が担当し、寺社奉行《じしゃぶぎょう》・南北両町《まち》奉行および目付が評定所に出座し、ときおり稲葉以外の老中や側用人牧野成貞《まきのなりさだ》▲が出座して取り調べられた。それから半年後の一六八一(天和《てんな》元)年六月二十一日に、綱吉がみずから裁判する御前公事《ごぜんくじ》があり、二十二日には評定所において上意が申し渡された。対立した家中双方の処罰にとどまらず、越後松平家の改易《かいえき》、関与した一門大名および幕府関係者の処罰におよんだ。

ところで、綱吉は御前公事を前にして判断に迷い、尾張徳川光友《みつとも》▲を呼んで越後松平家を潰すべきかどうかを相談した。これに対して光友は、「(1)越後松平家は越前松平家の惣領《そうりょう》であること、(2)光長の父忠直《ただなお》は大坂の陣▲で功績があり、徳川三家(尾張・紀伊・水戸)よりも大切にすべき家であること、(3)騒動は公儀に対する出入りではなく、光長の不調法《ぶちょうほう》から家中が騒いでいるだけであること、(4)こうした家中騒動を理由に越後松平家を潰せば、徳川三家に同様な不調法者がでた場合も潰さなければならなくなり、徳川将軍家による天下支配が弱体化する」と述べて、改易に断固反対した。

にもかかわらず、綱吉は家中両成敗《りょうせいばい》▲、大名家の改易▲というもっとも重い処

▼**牧野成貞**　一六三四～一七一二。牧野儀成《のりなり》次男。父の遺領から二〇〇〇石の分知を受け、神田邸の綱吉に側仕《そばづか》え、一六七〇(寛文十)年に家老、五〇〇〇石加増、従五位下備後守《びんごのかみ》に叙任。綱吉将軍就任後に側衆《そばしゅう》、一六八三(天和三)年下総関宿《せきやど》五万三〇〇〇石。一六九五(元禄八)年に致仕。綱吉死後に大夢と号す。

▼**徳川光友**　一六二五～一七〇〇。尾張徳川家二代。初め光義《みつよし》。正室は家光長女千代。一六五〇(慶安三)年家督を継ぎ、七二(寛文十二)年光友に改める。一六九三(元禄六)年致仕。字《あざな》子竜《しりゅう》。

▼**大坂の陣**　一六一四(慶長《けいちょう》十九)年の冬の陣、一五(同二十)年の夏の陣において、徳川氏が大坂城の豊臣《とよとみ》氏を滅ぼした。とくに冬の陣で松平忠直の家士西尾仁左衛門《にしおにざえもん》が真田信繁《さなだのぶしげ》(幸村《ゆきむら》)を討ちとったのをはじめ、忠直勢は首級三六五

をとり、大坂城一番乗りの高名《こうみょう》をあげるなど活躍した。

▼家中両成敗　喧嘩両成敗法に基づいて、理非にかかわらず、争論を起こした家中双方を処罰すること。

▼改易　官職をやめさせて、その職・所領を没収すること。

▼月次の御礼日　江戸城に諸大名が登城して将軍に謁見する日。毎月一日・十五日のほかに、一月・二月・四月・七月および十二月には二十八日の登城があった。

罰を選択した。その理由は、やはり将軍権威の確立に求められる。越後松平家の家中は将軍家綱の上意にさからって騒動を続けており、その段階ですでに将軍の権威はゆらいでいた。綱吉は新将軍の威信にかけてこの騒動を鎮静化させ、将軍上意の絶対性を示さなければならない立場に追い込まれていたのである。

　綱吉は御前公事の最後に、「もはや退出致し候へ」とみずから命じた(「万天日録《まんてんにちろく》」「天和《てんな》日記」)。『徳川実紀《とくがわじっき》』では、その大声に座中の者がみな「震攝《しんしょう》」(ふるえて恐れること)したという。将軍としての威厳を示した瞬間であった。しかしながら、綱吉の心中はおだやかではなかった。御前公事から四日後の二十六日に光長に改易を申し渡したが、二十八日の月次《つきなみ》の御礼日▲に綱吉は出座できなかった。これは越後松平家が「一門の上首《じょうしゅ》」であり、国を除かれたことをあわれんだためというが(「常憲院殿御実紀附録《じょうけんいんでんごじっきふろく》」中)、本当にその決断で正しかったのか内心忸怩《じくじ》たる思いだったのだろう。綱吉が「小心者の専制君主《せんせいくんしゅ》」と評されるゆえんである。

　ここで綱吉が代替わりにあたり厳罰主義で臨んだことは、家中騒動が幕府に知られると改易になる、という幕藩《ばくはん》間の秩序認識をあらたに生み出す契機となった。その後、騒動のみが原因ではないが、越後松平家に続いて四〇を超える大名が領地没収・減転封《げんてんぽう》の処分となり、万石以下の処罰者は数知れずといわれる。幕府役人に対する信賞必罰の方策をとって諸役人の綱紀《こうき》の引締めをはかる目的もあり、人材登用も広くなされたが、綱吉が気にいらないとすぐに免職という側面があったことは否めない。

堀田正俊と天和の治

綱吉の治世期は、天和《てんな》・貞享《じょうきょう》期(一六八一〜八八)と、それに続く元禄《げんろく》・宝永《ほうえい》期(一六八八〜一七一〇)に分けられることが多い。前期で政治力をもったのは大老堀田正俊で、後期は側用人柳沢吉保《やなぎさわよしやす》▲である。初期の政治はとくに「天和の治《ち》」として知られるが、これは三上参次氏の『江戸時代史』などで享保《きょうほう》・寛政《かんせい》・天保《てんぽう》の改革▲と比肩《ひけん》すべき政治として賞賛した歴史的評価であり、当時あるいは江戸時代にそのような賞賛があったわけではない。しかも「天和の治」は綱吉の意向も反映しただろうが、どちらかといえば堀田正俊主導の政治といった色合いが濃厚である。

一六八〇(延宝八)年八月五日、綱吉は正俊を面前に召しだし、「百姓《ひゃくしょう》など御

▼**柳沢吉保** 一六五八〜一七一四。通称弥太郎《やたろう》、初め房安《ふさやす》、保明《やすあきら》、出羽守。綱吉の小姓から小納戸をへて、一六八八(元禄元)年に側用人。一七〇一(元禄十四)年松平美濃守吉保と改める。一七〇四(宝永元)年甲府一五万石、〇六(同三)年大老格。綱吉死後、隠居して保山《ほざん》と号す。

▼**享保・寛政・天保の改革** 享保は八代将軍吉宗、寛政は老中松平定信《さだのぶ》、天保は老中水野忠邦《みずのただくに》が幕《ばく》政《せい》改革を進めた時期の元号《げんごう》。江戸時代の三大改革とされるが、近年はそうした評価はみなおされつつある。

用の儀」の担当を命じ、七日には堀田と勘定頭《かんじょうがしら》(のちの勘定奉行)四人に幕府領の百姓が困窮・衰微しないよう、相互に相談して取りはからうよう命じた。このように、綱吉は将軍就任(八月二十三日)の前後から堀田正俊を重用し、財政と民政を専管させた。これが勝手《かって》掛《がかり》老中▲の始まりである。同年閏《うるう》八月には、「民は国の本《もと》也」という第一条に始まる代官《だいかん》服務規程が堀田の官職名である「備中」の名で定められた。内容は、代官は民が飢えや寒さで苦しまず、衣食住や諸事に奢《おご》らないようにし、民と上との隔心から民が疑心をもたないように念をいれ、身を慎しんで年貢《ねんぐ》収納や支配所の修復普請《ふしん》につとめ、争論などで贔屓《ひいき》をせず、代官所が交代しても年貢未納をさせないように心えること、という七カ条である。一六八一(天和元)年には勘定所役人四人に総代官の前年度の年貢収納事務を査察させ、翌年には勘定吟味役《ぎんみやく》(会計監査役)を新設して勘定頭の次におき、不正代官の糾弾を徹底的に進めさせ、二六人を罷免した。

ところが、一六八四(貞享元)年八月二十八日朝、江戸城本丸で堀田が若年寄《わかどしより》稲葉正休《まさやす》▲に刺殺された。この日は、一門や諸大名が登城して将軍に拝謁《はいえつ》する月次の御礼日にあたり、五《いつ》つ時《どき》(午前八時ごろ)すぎに将軍が奥から表《おもて》の大広間に

▼**勝手掛老中**　勝手方《かた》老中とも。通常の老中の職務は、公家《くげ》・門跡《もんぜき》方《かた》、および将軍家連枝《れんし》にかかわること、諸大名の参勤伺い・城普請・帰国御礼、諸種の証文、継飛《つぎび》脚《きゃく》に関することを担当した。これとは別に、財政・民政を専管させた。

▼**稲葉正休**　一六四〇〜八四。石見守《いわみのかみ》。一六五六(明暦二)年に父正吉《まさよし》の遺領(美濃青野《あおの》五〇〇〇石)を継ぎ、小姓組番頭《がしら》、書院番頭、近習《きんじゅう》をへて、八一(天和元)年二〇〇〇石加増、八二(同二)年より若年寄、五〇〇〇石加増、都合一万二〇〇〇石。

出座するため、通例に従って老中が部屋に詰めていた。その奥のほうより稲葉が来て、堀田に少し意見をえたいというので、二人は「次之間《つぎのま》」(「御膳立《ごぜんだて》之間」とも)へいき、着座もしないうちに稲葉が堀田の右脇腹を脇差で突き刺した。堀田のうめき声を聞き老中たちが駆けつけたが、稲葉は刺した脇差でさらに堀田の腹をえぐろうとしていたので、老中たちは即座に稲葉を滅多打ちにして殺害した。深手をおった堀田も、帰宅後に息を引きとった。

事件は「辰下刻《げこく》」(午前八時ごろ)に生じたとあるので、綱吉の出座直前とみられる。登城した大名たちに老中が列座して事件を伝え、御礼の儀式は中止となった。堀田に意趣があって討果《うちは》たしを決意した稲葉は、重罪になることを予想し、また詮議《せんぎ》を受けたときに取り乱してもいけないので、老中宛の書置《かきおき》を遺《のこ》していたという。これらの計画性から「乱気」の沙汰《さた》とは思われなかったが、結果は「乱気」として扱われた(『神奈川県史』)。

浅野長矩《あさのながのり》▲に先立つ殿中刃傷《でんちゅうにんじょう》事件でありながら、双方の死により結果として喧嘩《けんか》両成敗の形となり、不問とされた感がある。稲葉家は世嗣がなく断絶、堀田家は遺領下総古河《しもうさこが》一三万石のうち、嫡子正仲《まさなか》に一〇万石、次男正虎《まさとら》に二万石、

▼**浅野長矩**　一六六七〜一七〇一。内匠頭《たくみのかみ》。播磨赤穂《はりまあこう》五万三〇〇〇石。一六七五(延宝三)年に遺領を継ぐ。一七〇一(元禄十四)年館伴《かんばん》(勅使馳走役《ちょくしちそうやく》)をつとめ、江戸城で吉良義央《きらよしなか》を斬りつけ、即日切腹《せっぷく》を命じられる。

三男正高《まさたか》に一万石の分知《ぶんち》が許された。大手門前の屋敷（旧酒井忠清邸）は返上され、保科正容《ほしなまさかた》（陸奥会津《むつあいづ》二三万石）にあたえられた。

側用人の実態

堀田正俊の暗殺事件は、江戸城に二つの大きな変化をもたらした。一つは、将軍と老中との距離が引き離されたことである。当初、老中たちは将軍の常の御座所《ござしょ》近くの部屋に集まって諸事を相談・決済した。この部屋を奉行所と称したが、事件後は老中・若年寄の部屋が将軍の常の御座所から離され、奥の入り口にあたる時計の間《ま》の右側に設けられるようになった（深井雅海『図解・江戸城を読む』）。その結果ではあるが、将軍と老中とのあいだを取り次ぐ、いわゆる「御側御用人《おそばごようにん》」（側用人）が不可欠となった。これが、二つ目の大きな変化である。

ただし、側用人の職務は、奥（中奥）に所属の者の人事・処罰の申渡し・御《お》預人《あずかりにん》などの中奥支配、能《のう》の開催の連絡など表向きの政務にかかわらない上使《じょうし》、奉書《ほうしょ》の発給、山王権現《さんのうごんげん》への代参《だいさん》などが主たる業務であり、表における老中を中心とした通常の政治向きには深くかかわらなかったことが明らかになっている

（福留真紀『徳川将軍側近の研究』）。綱吉の側用人政治は、家光以来の老中合議制―幕府の意思決定の基本的な枠組み―を大きく逸脱するものではなかったのである。

初期の側用人として重用されたのは、牧野成貞である。ケンペルは、「将軍（綱吉）が若殿のころから監視役ないしは後見人の地位にあったが、今は寵臣《ちょうしん》でもっとも練達した大臣であり、謁見《えっけん》のときに将軍の言葉を解してわれわれに伝達するには、彼がうってつけの者だ、と将軍は思っており、彼は七〇歳ばかり（実際は五七歳）の男で、長身でやせていて、ドイツ人に似た細長い普通の顔をし、立居振舞もゆったりしていて、親しみやすい人柄」と評している。つまり、政権発足時は堀田正俊が将軍の言葉を伝えていたが、堀田の死後は館林時代から綱吉の側にいる牧野がその役を担うように変化した。

翌年の参府《さんぷ》でも前年と同じく女中たちの前での余興があり、綱吉から牧野の年齢をあてるよう命じられ、カピタン（オランダ商館長）は「五〇歳」、ケンペルは「四五歳」と答えると、皆がどっと笑ったとある。ケンペルは前年度に牧野を七〇歳ぐらいの老人とみておきながら、質問されると若い年齢を答えたのは、

- 将軍
  - 大　老……幕府最高の職。常置ではなく，必要に応じておかれた。
  - 老　中（政務を統轄する常置の最高職。4〜5人。）
    - 側　衆……将軍と幕閣との取次。
    - 高　家……儀式・典礼をつかさどる家。
    - 大番頭……江戸城の警護や二条・大坂など幕府直轄城の在番をつとめる大番12組の隊長。
      - 大番組頭……12組の大番の組頭。
    - 大目付……幕政監察の職。旗本より選任。
    - 町奉行（江戸）……旗本より選任。2人。南北両奉行所が月番で執務。江戸府内の行政・司法・警察を管轄。与力・同心を従える。
    - 勘定頭（奉行）……旗本より選任。4人。元禄年間（1688〜1703）に勘定奉行と改称した。幕領の租税徴収や訴訟を担当。享保年間（1716〜35）に公事方（訴訟）と勝手方（財政）に分かれる。
      - 郡　代……代官のうち10万石以上の広域を担当。美濃・飛驒・西国がある。
      - 代　官……幕領の農村支配を担当する地方官。
      - 勘定組頭……常時12人前後が在任し，勘定衆を指揮し，勘定所事務全般を遂行。
      - 金・銀・銭座……金・銀・銭貨の鋳造機関。
    - 勘定吟味役……1682年設置。4〜6人。貢租・出納を監査した。
    - 関東郡代……関東の幕領支配。のち勘定奉行の兼職。
    - 普請奉行……土木関係を担当した。
    - 作事奉行……江戸城の表向の建物の築造や修繕を担当した。
    - 小普請奉行……江戸城の奥向の建物の築造や修繕を担当した。
    - 道中奉行……五街道とその付属街道を管轄した。大目付・勘定奉行各1人が兼務。
    - 宗門改……キリシタン取締りの任。大目付・作事奉行各1人が兼務。
    - 城　代……将軍のかわりに城をあずかる職。二条・大坂・駿府・伏見城に設置。
    - 町奉行……京都・大坂・駿府におかれた町奉行。
    - 遠国奉行……江戸から離れた直轄地におかれた奉行。伏見・長崎・奈良・山田・日光・堺・佐渡などに設置。
    - 甲府勤番支配……甲府城の警備と府中の政務が任務。
  - 若年寄（老中補佐の職。譜代大名より選任。旗本・御家人を監察。）
    - 書院番頭……江戸城本丸御殿の白書院前の紅葉之間に勤番した書院番の隊長。
      - 書院番組頭……8〜10組の書院番の組頭。
    - 小姓組番頭……江戸城本丸御殿の黒書院西湖之間に勤番した小姓組の隊長。
      - 小姓組組頭……8〜10組の小姓組の組頭。
    - 目　付……旗本・御家人の監察にあたる。初め10人，のち増員。江戸城巡察・消防などの任にもあたった。
    - 廊下番頭……江戸城奥に勤務し，御囃子を担当する廊下番を支配。
  - 京都所司代……朝廷の監察，京都町奉行などの統轄，畿内周辺8カ国の訴訟指揮，西国大名の監視。
  - 大坂城代……大坂城の諸役人の長として城の守護にあたり，政務を統轄した。西国大名の監視も担った。
  - 寺社奉行……譜代大名より選任。4〜5人。寺社統制，関八州外の訴状受理。
  - 奏者番……譜代大名より選任。20〜30人。御目見の際に大名らの披露，進物・下賜品の受渡し。
  - 側用人……将軍に近侍し，将軍の命令を老中に伝え，老中の上申を将軍に伝える役職。

幕府組織図（□囲みは三奉行）

相手の顔色をうかがったのだろう。綱吉が実年齢よりふけてみえる成貞の年をあてさせて女中たちとともに喜ぶようすからは、牧野を人前で茶化せるほど二人の仲が打ちとけた関係にあること、また儒学者《じゅがくしゃ》として四角四面な性格を連想しがちな綱吉の性格に、お茶目な一面があったことがうかがえて興味深い。

牧野以外の側用人では、喜多見重政《きたみしげまさ》のように六年四カ月もつとめた者もいたが、太田資直《おおたすけなお》は六カ月、牧野忠貴《ただたか》は一カ月、南部直政《なんぶなおまさ》は二カ月、金森頼旹《かなもりよりとき》は一カ月、相馬昌胤《そうままさたね》は二カ月、畠山基玄《はたけやまもとはる》は一年一カ月といずれも短期間でやめさせられている。この時期の側用人が職として確立しておらず、綱吉との個人的な関係で任命されたことから、綱吉が気にいらないとすぐに免職となったものである。そのなかで、牧野が病気のため一六九五(元禄八)年に引退すると、松平輝貞《てるさだ》▲と柳沢吉保の二人が綱吉の側近として重用された(福留真紀『徳川将軍側近の研究』)。

とくに柳沢吉保は館林時代の綱吉の勘定頭をつとめた柳沢安忠《やすただ》の子で、初めは保明《やすあきら》といい、一六七五(延宝三)年に家督を継いで小姓《こしょう》に召しだされ、八〇(同八)年綱吉の将軍就任により幕府小納戸《こなんど》となった。一六八五(貞享二)年十一月に

▼**松平輝貞** 一六六五〜一七四七。右京亮《うきょうのすけ》・右京大夫《だいぶ》。大河内《おおこうち》松平輝綱《てるつな》の六男。一六七二(寛文十二)年五〇〇〇石の分知を受け、家綱に仕えたのち、綱吉の小姓、側役《そばやく》となり、加増され上野高崎《たかさき》七万二〇〇〇石。一七一〇(宝永七)年越後村上《むらかみ》に移され、一七(享保二)年高崎に戻され、八代将軍吉宗にも重用され老中格。

柳沢吉保像　綱吉の小姓より側用人、大老格へと出世。背景には、老中御用部屋が将軍居室と離れ、その間をつなぐ側用人の役割が重くなる事情があった。

従五位下《じゅごいげ》出羽守《でわのかみ》に叙任され、八八(元禄元)年に側用人に昇進して一万二三〇石となり、さらに加増されて九四(同七)年には武蔵《むさし》川越《かわごえ》七万二〇〇〇石余となった。その間、一六九〇(元禄三)年には従四位下《じゅしいげ》、九四年から評定所出座となり、侍従《じじゅう》に任じられ老中格となった。一六九七(元禄十)年に二万石加増、九八(同十一)年左近衛少将《しょうしょう》に任じられて老中より上格となり、一七〇一(同十四)年には松平の称号を許されるとともに、綱吉の一字をあたえられて美濃守《みののかみ》吉保と名を改めた。さらに、一七〇二(元禄十五)年に二万石の加増、〇四(宝永元)年には甲府宰相《こうふさいしょう》綱豊を綱吉の養子に迎えた功績から三万九二〇〇石余を加増され、翌年甲斐《かい》甲府二二万八七〇〇石となった。この地は徳川一門にしかあたえられたことのない領地であるため、吉保の嫡子吉里《よしさと》を綱吉のご落胤《らくいん》とする説などが囁《ささや》かれた。

「まこと」の二字

　久能山東照宮《くのうさんとうしょうぐう》博物館には、綱吉の二大字「誠実」を所蔵する。「忠は徳の正也、信は徳の固《もと》也」とも記され、儒学《じゅがく》を学んだ綱吉が、道徳心の中心に忠(心のまこと)をおき、それは偽りのない信(言葉のまこと)に基づくものであるから、偽りがなく、真実の心をもって接する誠実な言動を尊重していたことを示すものである。

綱吉は一六八二(天和二)年一月に、柳沢吉保に次の歌をあたえた。

人はただ　まことの二字を　忘れずば
　　幾千代までも　栄ゆなりけり

「まことの二字」とは、右の「誠《まこと》」「実《まこと》」をさすと考えられるが、「忠信」の二字もまた「まこと」と訓ずることができる。

一七〇一(元禄十四)年十一月に吉保の子安貞《やすさだ》(のちの吉里)が元服《げんぷく》した際に、綱吉は次の三首を吉保に返歌《へんか》として送った。

祝いつゝ　うゐかうぶり(初冠)の　今日よりは
　　久しき家の　栄なるらん

心ざし　深くまことの　あるゆへに
　家のさかへ（栄）も　いやまさる（勝）らし
いとゞ猶　ふかき（深）信の　心あらば
　代々のさかへを　神も守らむ

第二首には「まこと」とあり、第三首では「信」の字があてられている。字句によって意味するところは若干異なるが、「誠」「実」「忠信」「信」のいずれであれ、「まこと」は綱吉の好んでよんだ題目《だいもく》であった。かつ、学問の弟子であり、ことに信頼をおく臣下柳沢吉保との関係で求めた徳目であった。

奥右筆《おくゆうひつ》をつとめた蜷川家《にながわ》▲には、綱吉のよんだ和歌《わか》三首が伝えられる（国文学研究資料館蔵）。「内《ない》大臣綱吉」とあるので、内大臣から右《う》大臣に転じる一七〇五（宝永二）年以前の作となる。

のりのし（法師）も　さかえ（栄）ひさ（久）しき　よはひ（齢）にて
　わが身をながく　猶いの（祈）らなん

▼**蜷川家**　蜷川親煕《ちかひろ》が青蓮院《しょうれんいんの》宮尊遵法親王《みやそんじゅんほうしんのう》に弟子入りし、入《じゅ》木道《ぼくどう》を伝授され、神田邸にいた綱吉の右筆となり、一六八一（天和元）年より幕府奥右筆となる。以後、同家から幕府右筆をだした。

ながくもと　我世をいのる　しるし（験）ある
其身もともに　ひさしかるべし
いのりぬる　ふかき（深）心の　まことあれバ
たえ（絶）ぬみち（道程）のりの　すゑ（末）もつきせじ

大意は、法師にわが世の永続を祈ってもらい、その験もあってともに栄えているが、それは祈りの心にまことがあるからという内容である。法師とは帰依《きえ》の厚かった隆光《りゅうこう》▲ではないかと思われるが、ここでも「まこと」の重要性がよまれている。

柳沢文庫には、『論語《ろんご》』の一句「過則勿レ憚レ改（過てば、則ち改むるに憚《はばか》ることなかれ）」を縦一行に大書し、「程子曰《ていしいわ》く、学問の道は他になき也、その不善を知れば、則ち速やかに改め、もって善に従うのみ」と書き加え、これは「聖言」なので書にして吉保（出羽守保明）にあたえ戒めの示教《しきょう》とするので、慎しんでこれを守ること、と認めた綱吉の書が伝わる。一六八八（元禄元）年六月三日にあたえられたもので、綱吉四三歳、吉保三一歳のときである。

▼**隆光**　一六四九〜一七二四。新義真言宗《しんぎしんごんしゅう》の僧侶。亮賢《りょうけん》の推挙で湯島知足院《ゆしまちそくいん》の住持に招かれ、護持《ごじ》院僧正《いんそうじょう》と称される。一六八六（貞享三）年から一七〇九（宝永六）年までの日記が残る。

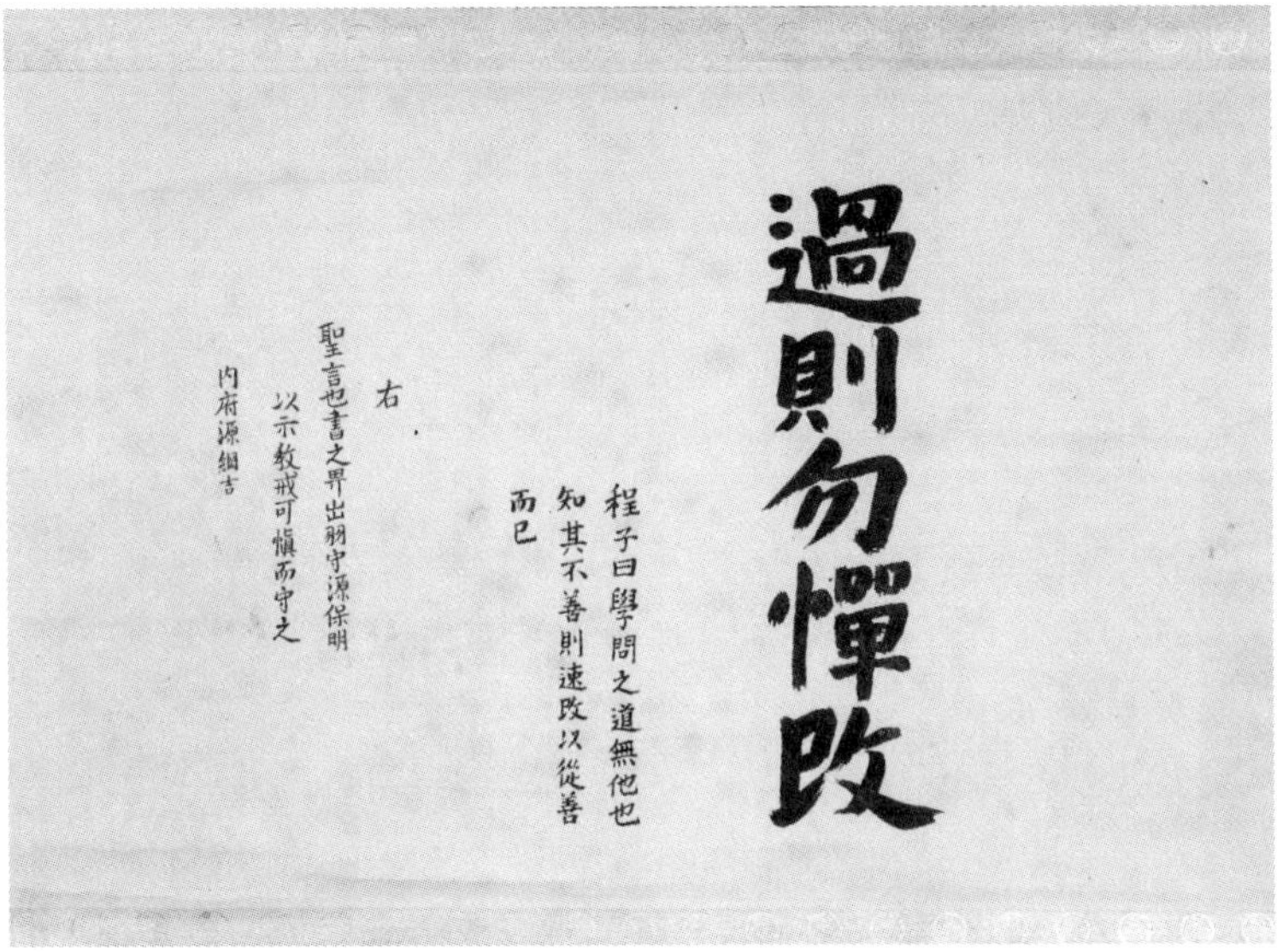
過則勿憚改
程子曰學問之道無他也
知其不善則速改以從善
而已
右
聖言也書之畀出羽守源保明
以示教戒可愼而守之
内府源綱吉

徳川綱吉筆「過則勿憚改」

安宅丸図

綱吉は将軍になった二年後に安宅丸《あたけまる》という大船を破却した。これは父家光の代につくられた軍艦であり、その維持のために一年に一〇万石ばかりを費やしていた。綱吉も一六六二（寛文《かんぶん》二）年に兄綱重とともに見物し、船中での饗応《きょうおう》を受けている。「天下騒乱におよび、他所へ御座所を移すときのために、城郭《じょうかく》のごとく手堅くつくらせたものである」といって破却に懸念を示す老中たちに対して、綱吉は「三年父の道を改めず」という『論語』学而《がくじ》篇を引き、「父が死んで喪に服する三年間は父のやり方を変えないのが孝行であるという考え方は、どうとでもなるようなことをさしていうのであって、わが不肖《ふしょう》の身をもって、祖《そ》宗《そう》のあとを受け継ぎ、四海《しかい》の主として万民《ばんみん》を撫育《ぶいく》しようとすれば、その利を興して害を除くべきである。このようなことを捨てておいて、国用をむだに費やすのは本意ではない」と述べて、安宅丸の破却を決定したという。これは堀田正俊の建議であったともいわれるが、綱吉が「過てば、則ち改むるに憚ることなかれ」を実践したものともみなされよう。

③―元禄・宝永期の綱吉政治

徳松の死と服忌令の制定

綱吉が兄家綱《いえつな》の養子になるのと同時に、数えで二歳の徳松《とくまつ》が館林《たてばやし》二五万石《ごく》とその家臣《かしん》団とを引き継ぐことになった。これは綱吉の意思とはまったく関係なく決定したことである。その後、家綱の死から五カ月をすぎ、実子誕生の可能性がなくなったためだろう。徳松は早くも江戸《えど》城に迎えられることになった。一六八〇(延宝《えんぽう》八)年十月十六日に神田《かんだ》屋敷の徳松付の者に西の丸出仕が命じられ、十一月二十六日に徳松は西の丸に立ち寄ったのち本丸大奥《ほんまるおおおく》へはいり、翌日巳上刻《みのじょうこく》(午前九時ごろ)に大奥をでて西の丸に移り、この日より若君《わかぎみ》と称された。

一六八一(天和《てんな》元)年十一月十五日には西の丸で徳松の髪置《かみおき》の祝儀《しゅうぎ》▲をおえるなど、順風満帆に思われたが、八三(同三)年閏《うるう》五月になると徳松は体調をくずした。綱吉はしばしば西の丸を訪れたが、二十八日巳下刻《げこく》(午前十時ごろ)の来訪を最後に未《ひつじ》下刻(午後二時ごろ)には本丸に戻り、酉《とり》下刻(午後六時ごろ)に徳松は死去した。数えの五歳。翌日その死が公表され、十二月二日に出棺し、三日

▼**髪置の祝儀**　幼児が髪を伸ばしはじめる儀式で、白髪に模した綿帽子や白糸を頭にかぶせて長寿を祝った。中世末期から始まり、一般に二～三歳の十一月十五日に行う。

から二夜三日の法事が増上寺《ぞうじょうじ》で営まれ、浄徳院《じょうとくいん》殿霊山獄崇心大童子と諡《おくりな》された。

　このとき、綱吉は三八歳。世嗣《よつぎ》を亡った悲しみは大きかっただろうが、まだ子をあらたに授かる望みはあり、一人娘の鶴《つる》の存在もあった。しかしながら、結果として綱吉がふたたび男子を授かることはなかった。このことは先祖崇拝と家の継承を重んじる綱吉にとって、年をへるごとに重荷になっていったにちがいない。

　一方、徳松の死は服忌令《ぶっきりょう》の制定という重要な政策を綱吉が打ち出す契機となる。というのも、徳松の死の際に七歳未満の子の服喪《ふくも》規定が明確でなかったからである。綱吉は儒者《じゅしゃ》の林春常《はやししゅんじょう》▲(信篤《のぶあつ》)・人見友元《ひとみとももと》▲・木下順庵《きのしたじゅんあん》▲、および神道《しんとう》家の吉川惟足《よしかわこれたり》▲に調査させ、一六八四(貞享元《じょうきょう》)年に服忌令の初公布となった。

　服とは喪に服すること、忌とは近親者に死者があったときなどに穢《けが》れが発生したとして、喪に服する日数や穢れがなくなるまで自宅謹慎する忌引《きびき》の日数のことである。死を忌み嫌い、血の穢れを排する服忌の制は、朝廷《ちょうてい》や神道における習俗であり、この対局には神や聖・清浄の観念がある。儒学《じゅがく》においても、親

▼**林春常**　一六四四〜一七三二。信篤。春常は僧号。羅山《らざん》の孫。一六九一(元禄四)年束髪《そくはつ》を命じられ、大学頭《だいがくのかみ》に任じられ鳳岡《ほうこう》と号す。

▼**人見友元**　一六三七〜九六。号は竹洞《ちくどう》。父は元徳《もとのり》。林羅山に学び、『続本朝通鑑《ぞくほんちょうつがん》』『武徳大成記《ぶとくたいせいき》』などの編纂に携わる。

▼**木下順庵**　一六二一〜九八。松永尺五《まつながせきご》に学ぶ。加賀藩《かがはん》に出仕後、綱吉に招かれ幕府儒者となる。

▼**吉川惟足**　一六一六〜九四。吉田《よしだ》神道を学び、神儒一致《しんじゅいっち》を説く吉川神道を開く。一六八二(天和二)年より幕府神道方に登用。

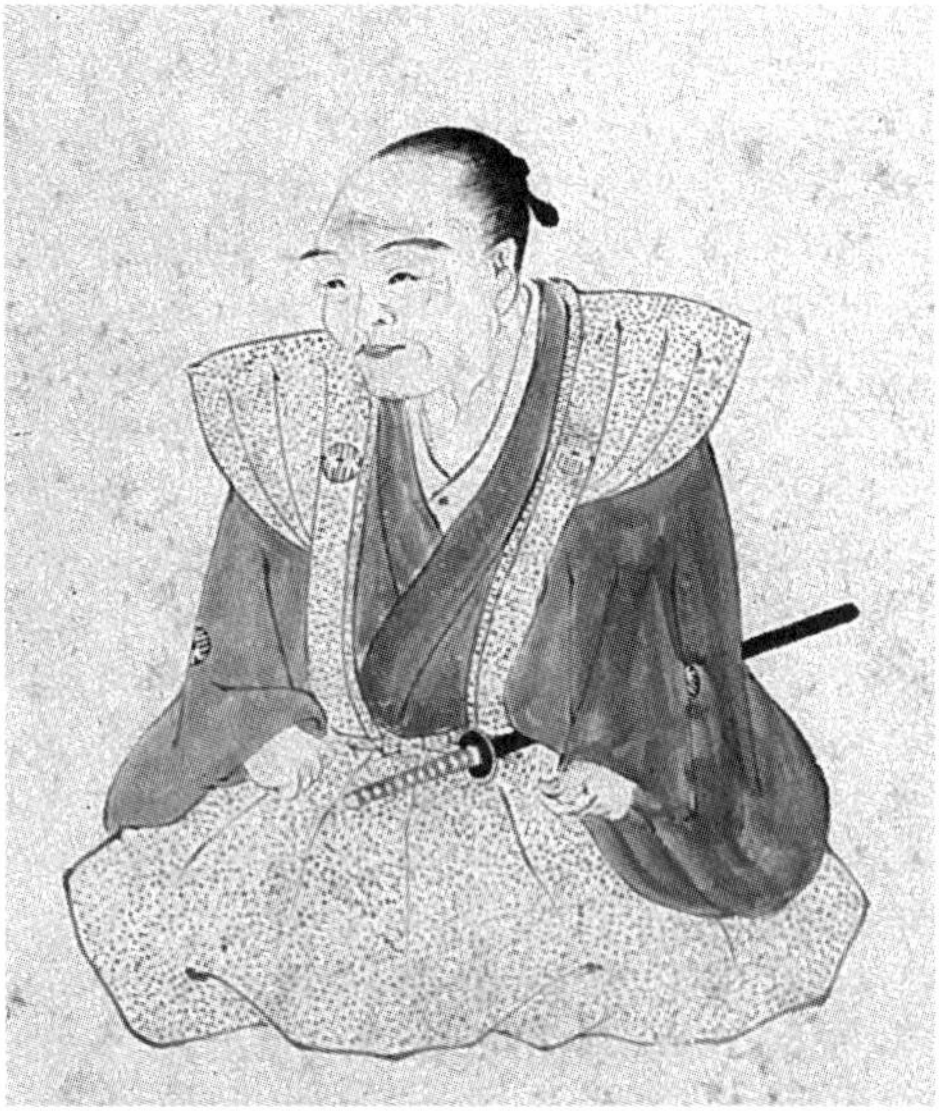

林鳳岡像

木下順庵像

▼**東照大権現**　徳川家康《いえやす》の神号《しんごう》。一六一七(元和三)年に後水尾《ごみずのお》天皇から勅諡《ちょくし》された。

族が規定どおりに相互に喪に服することこそ礼《れい》のもっとも重要な側面の一つとしたので、中国の儒教《じゅきょう》的な服喪制度にならい、家族・親族間の序列を明確にすることによって、ひいては幕藩制《ばくはんせい》身分階層秩序を維持強化することも意図されていた。

つまり、家光《いえみつ》の時代から東照大権現《とうしょうだいごんげん》▲と将軍に穢れをおよぼすべきではないとすることで将軍家の権威を高めるという服忌の考え方は成立していたが、綱吉はこの意義(穢れの側面)をさらに徹底させると同時に、儒教的な礼制にならって、家族・親族秩序を明確にして身分秩序の維持強化をはかるという意義(礼の側面)をも、服忌令の重要な意義の一つとして加えたのである。

また、血の穢れに関しては、出血は三滴以上であれば穢れになるから行水《ぎょうずい》しなければならない、牛馬鶏豖《いのこ》犬羊が一棟のうちで死んだなら一日の穢れであるので供奉《ぐぶ》できない、動物の肉を食べた場合、羚《れい》(かもしか)・羊・狼・兎・狸・鶏ならば五日、牛馬ならば一五〇日、豖・犬・羊・鹿・猿・猪ならば七〇日の食事の穢れとなるから、その間は供奉できない、などの清め規定が定められた。これは、朝廷における触穢《しょくえ》規定を取捨選択して、将軍家にかかわる社参・仏参の際に清めの規定を適用し、穢れを避けることを要求したもので、正室《せいしつ》や側室《そくしつ》らを通じてもたらされる公家《くげ》文化の影響と、非合理的なものに動かされやすい綱吉の性格もあったが、将軍家やその先祖の権威を高めるために法制化したものである(林由紀子『近世服忌令の研究』)。

こうして、戦国時代以来、人を殺すことが価値であり、主人の死後追腹《おいばら》を切ることが美徳とされた武士の論理は、死の穢れとともに排され、武家《ぶけ》の儀礼《ぎれい》のなかに朝廷から伝わった服忌の観念が制度化徹底され、ついには広く社会にも浸透していった(高埜利彦『元禄・享保の時代』)。しかも、綱吉が血の穢れや死穢《しえ》を忌み嫌ったことが、生類憐《しょうるいあわれ》みの政治や浅野内匠頭《あさのたくみのかみ》の刃傷《にんじょう》事件などにも大きな影響をあたえていくことになる。

生類憐みの政治

一六八五(貞享二)年には長崎貿易▲に制限を加え、八六(同三)年には初物《はつもの》禁止令▲、八七(同四)年には町人請負新田《ちょうにんうけおいしんでん》▲の禁止、女性の服装の華美を禁じる倹約令、あるいは諸国に忠孝《ちゅうこう》の高札《こうさつ》▲を立てるなど、儒教の質素倹約、質実剛健な政治が

▼**長崎貿易**　幕府が直轄地化した長崎で行われた対外貿易。一六三九(寛永《かんえい》十六)年にポルトガル人の来航を禁止、四一(同十八)年に平戸《ひらど》のオランダ商館を長崎出島《でじま》に移し、中国・オランダのみと貿易した。

▼**初物禁止令**　初物に高値をつけて求める風潮が強まったため、生椎茸・松茸・蕨《わらび》など二一品目について初売を開始してよい月を定めた。

▼**町人請負新田**　町人が資金を出資して行った新田開発。享保期には禁止が解除された。

▼**忠孝の高札**　一六八二(天和二)年五月に、忠孝を励まし、夫婦・兄弟・諸親戚は睦《むつ》み、不忠・不孝の者は重罪などと命じた高札を全国に立てさせた。

推し進められており、堀田正俊《ほったまさとし》の暗殺後も儒教精神を基礎にすえた政治路線が大きく変更したわけではない。ただし、綱吉の個性が発揮され始めるのは堀田の死後からであり、その最大のものが生類憐みの政治である。

これは犬の愛護令として有名だが、綱吉の真意としては語義どおりに生命あるもの（生類）すべてに慈悲《じひ》（憐み）の心をもつことにあり、それを民衆に教諭することを目的とするものであった。すでに四代家綱の時代から、人の死を厭《いと》い、命を助ける「御救《おすく》い」政治が展開していたが、綱吉は人命からさらに生類全体の命に慈悲の対象を広げ、「仁政《じんせい》」政治の実現をめざしたのである。

生類憐み政策の始期に関しては、一六八五年七月に「将軍の御成《おなり》道筋に犬や猫がでてきてもかまわない」と命じた法令（『江戸町触《まちぶれ》集成』二二五六号）が犬や猫の愛護令と理解されるので、これを最初とする説が多い。一方、これに続く九月十八日には馬の尾や腹などの筋《すじ》を伸ばすことは、その使い方もよくなく、馬の体を傷つける「不仁《ふじん》」の行為なので、こうした「拵馬《こしらえうま》」を禁止する旨が命じられた（『同』二二七二号）。「不仁」とあるので憐み政策の一環とみなされるが、この法令は綱吉が将軍に就任する直前の一六八〇（延宝八）年八月に名馬産地の奥《おう》羽《う》諸藩にふれた禁令の再令であるため、これを生類憐み令とみなせば、その初発法令は一六八〇年までさかのぼることになる(根崎光男『生類憐みの世界』)。しかも、動物愛護や殺生《せっしょう》禁断という考え方は綱吉より前にもみられるので、生類憐み政策を綱吉独自のものと評価できなくなる。こうした見解に対して、一六八二(天和二)年の忠孝の高札を生類憐み政策の始期とし、八七年より本格化したとするあらたな見解もだされている(武井弘一「生類憐み政策の始期をめぐって」)。

一六八五年から綱吉が死去する一七〇九(宝永《ほうえい》六)年までにだされた生類憐み関連の江戸町触は一一六件である。一六八七年がもっとも多く一〇件の法令がだされており、ここに生類憐み政策の一つのピークがある。また、「生類憐み」という用語に注目すると、一六八六年七月十九日の町触(『江戸町触集成』二四七七号)で、犬が大八車《だいはちぐるま》や牛車《ぎっしゃ》に引かれ死傷する事態がやまないので、随分《ずいぶん》念をいれてあやまちが生じないようにと命じたあと、「無主犬」(飼い主のいない犬)の扱いなどについて「生類あわれみ候ように」と命じられたことを心得違いをせず、何事にも「生類憐みの志」をもつことが肝要と命じた法令が初見となる。

しかし、この法令には「最前も委細申し渡し候えども」とあるので、本法令以前に「生類憐み」が命じられていた可能性がある。しかも、「生類憐み」「不仁」「慈悲」とある法令は一一六件中わずか一五件なので、これらの用語の有無に基準をおくと、ほとんどの法令が生類憐み令とはいえなくなる。

こうしたことから生類憐み政策の始期については諸説あるが、終期に関しては明確であり、綱吉の死をもって政策自体は撤回される。しかしながら、綱吉の死後、生類憐みの志がまったく意味を失ったわけではなかったことは重要であり、その精神は吉宗《よしむね》▲期の捨子政策▲や行倒れ人の保護政策に引き継がれた。現代日本における動物愛護管理法▲も、この精神を受け継ぐものだろうが、実際には愛護ではなく管理の名のもとに毎年五万匹を超える犬が保健所で保護され、引き取り手がなく殺されている。その現実に鑑みれば、真の動物愛護をうたい、それを実行させた生類憐み政治の功罪を考えることで、動物や自然と人間の関係を再構築するための示唆がえられるかもしれない。

▼**徳川吉宗**　一六八四〜一七五一。江戸幕府八代将軍。在職一七一六〜四五年。初め頼方《よりかた》。号有徳《ゆうとく》院《いん》。紀伊《きい》徳川光貞《みつさだ》の四男、兄の死により紀伊家を継ぎ、七代将軍家《いえ》継《つぐ》の死後、徳川宗家《そうけ》を継ぐ。

▼**捨子政策**　捨子の養育と捨てた親の厳罰を命じたもので、全国令として一六九〇(元禄三)年以降、繰り返し触れられた。吉宗が編纂させた『御触書寛保集成《おふれがきかんぽうしゅうせい》』にも採録された。

▼**動物愛護管理法**　「動物の保護及び管理に関する法律」を改正し、二〇〇〇(平成十二)年から施行。動物の愛護と管理者の責任を定めた。

放鷹制度の廃止と犬

生類憐み政策には、犬以外にも捨子・捨牛馬・鳥・鷹・鉄砲といった項目があったが、そのうち全国法令として諸藩に影響をあたえたのは捨子・捨牛馬と鉄砲政策であり、犬や鷹に関する法令は全国法令ではなかった(塚本学『生類をめぐる政治』)。とはいえ、犬愛護にかかわる法令は四二件であり、全体の三分の一強にあたり、生類憐み政策が犬愛護令という印象をあたえ、綱吉が「犬公《いぬく》方《ぼう》」▲とあだ名をつけられるのも理由のないことではない。

綱吉が犬を愛護した背景としては、隆光《りゅうこう》進言説がよく知られる。一人息子の徳松に死なれたあと、嗣子《しし》にめぐまれないのは前世の殺生の報《むく》いなので、子がほしければ生類憐みを心がけ、とくに戌《いぬ》年生まれの綱吉は犬を大事にしなければならないと隆光が綱吉に進言したというもので、現在でも一般にはこの説が信じられている。

しかし、近年の研究では否定的な見解が主流である。隆光進言説の典拠となる史料が、綱吉のゴシップ記事を多く載せる『三王外記《さんのうがいき》』であること、『隆光僧《そう》正《じょう》日記』にそのような内容が書かれていないこと、隆光が大僧正となる前から

▼**犬公方**　公方とは将軍の別名。綱吉が犬を愛護したことから、「犬公方」と称されるようになったと『三王外記』にある。

動物愛護令がだされていること、綱吉自身が愛犬家であるとは思えないこと、などがその理由である。

犬愛護令は一六九三・九四(元禄《げんろく》六・七)年ごろから頻度を増すが、これは放《ほう》鷹《よう》制度▲の廃止と連動するためである。綱吉は将軍就任後に鷹狩りにでた形跡はないが、贈答儀礼の関係から幕府《ばくふ》制度としての放鷹制度をすぐに廃止はできず、幕府鷹場役人がとらえた獲物を朝廷に初鳥《はつどり》として献上する儀礼を続けていた。

しかし、一六九三年に綱吉は放鷹制度を全面的に廃止する。このことは、江戸という都市とその近郊に生息する犬の生態系に深刻な事態をもたらした。この時期には犬を食べる習俗があり、とくにかぶき者▲たちのあいだで流行していた。一六八六(貞享三)年に江戸のかぶき者の大量検挙がなされ、戦国の遺風のような食犬の風俗をやめさせた。さらに放鷹制度を廃止したことで、猟犬および鷹餌《え》としての犬の需要がなくなり、それらの犬が都市に滞留して野良犬化した。一六八八(貞享五)年六月には鷹部屋で飼っていた黄鷹《わかたか》・鷂《はいたか》二三居《すえ》、翌月には二〇居が山野に放たれた。幕府が飼育していた鷹の全容はつかめていないが、一六九三年には放鷹制度の廃止にともないすべての鷹が空に放たれた。こ

▼**放鷹制度**　将軍の鷹狩りを維持するために、関東近郊に鷹場を設定し、幕府職制に鷹役人を設けて管理させた制度。

▼**かぶき者**　「傾《かぶ》く」からでた語で、普通でない行動や風俗のこと。十七世紀に大ヒゲや派手な衣装で町々を往来する無頼者たちが集団化して徒党《ととう》をくみ、喧嘩や乱暴狼《ろう》藉《ぜき》を繰り返した。

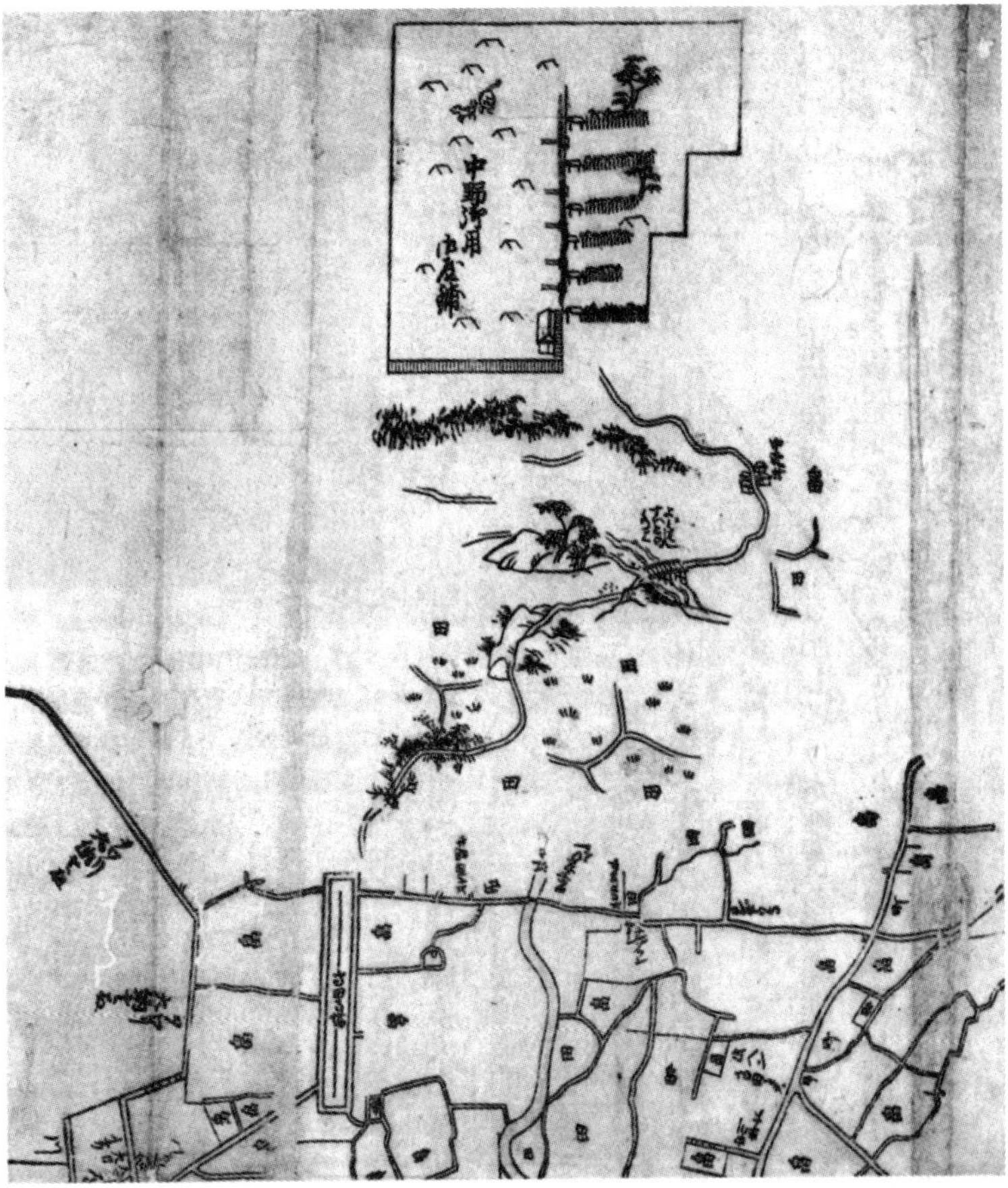

中野犬小屋図(「元禄九年江戸図」)　1685(貞享２)年以降，綱吉は生類憐み政策のもとで，江戸の四谷・大久保・中野に犬小屋を設置して野犬を収容した。1695(元禄８)年に中野に建てられた犬小屋は，25坪ずつの小屋が290棟のほか，子犬の養育所が459カ所あった。

れに連動して、諸大名《だいみょう》家でも所持する鷹を放ち、あるいは国許《くにもと》に送り返した。その結果、食餌《しょくえ》用の犬の需要がなくなり、これが江戸の町とその近郊に犬が過密化する大きな要因となり、腹をすかせた野犬が捨子を喰うという事態にも発展した。それら過剰な犬を収容するために一六九五(元禄八)年から翌年にかけて大久保《おおくぼ》(二万五〇〇〇坪)・四谷《よつや》(一万八九二八坪)・中野《なかの》(一六万坪)の犬小屋設置へとつながっていく。中野の犬小屋には一〇万匹の犬が収容され、犬一匹の餌代は一日当り米二合《ごう》と銀二分《ぶ》で、一年間の費用は金九万八〇〇〇余両《りょう》にのぼったという。その後も中野の犬小屋は拡張工事が続けられ、これらの費用は江戸の町々から徴収されることになった。これへの町人たちの不満は強く、減額・一部免除などの措置がとられたが、全面的に停止したのは将軍綱吉の死によって中野の犬小屋が撤去されてからである(根崎光男『生類憐みの世界』)。

食生活への影響

生類憐み政策は、食生活にも大きな影響をあたえた。一六八五(貞享二)年十一月には江戸城の台所で鳥類・貝類・海老の使用をやめるよう、綱吉の意向が示された。その理由は、食材が生きたまま江戸城に持ち込まれると台所で殺生をすることになり、その結果、江戸城が血で穢れて不浄となるためであった。一六八六(貞享三)年になると、魚鳥類はとれしだいに商売するのは可としていたが、翌年二月からは生きたまま魚鳥類を売買することが禁止され、これはその後も繰り返して触れられた。これにより、料理屋の生け簀《いす》や飼い鳥に関しても禁止が命じられ、生類憐みの政策は民衆の生活にも深く介入するようになった。

ただし、水揚げして死んだ魚介類を江戸城内に持ち込むことは可とされたので、綱吉がまったくこれらの食材を食さなかったというわけではない。徳川《とくがわ》吉宗が八代将軍になると、綱吉がやめた鷹狩りを再開した。綱吉の側用人《そばようにん》の一人で信任の厚かった松平輝貞《まつだいらてるさだ》は、吉宗から鷹狩りの獲物をあたえられると、「綱吉様のご恩があるので、鳥類は食べられない」と断わった。これを聞いた吉宗は輝貞の律儀をほめ、かわりに生鯛をあたえたという逸話が伝わる。鳥類は不可だが魚類は可としており、この逸話から綱吉もたんぱく質を魚類から摂取していたことが類推できる。

綱吉は肉食の穢れにも神経質であった。江戸城では牛肉や豚肉などはもともと食さなかったが、一六九三(元禄六)年には江戸城で兎食を禁じている。

綱吉の画像は、長谷寺《はせでら》(現、桜井市《さくらい》)のものが知られる。これは壮年期の画像らしく、ふくよかな顔立ちである。別の画像には、法隆寺《ほうりゅうじ》伝来のものがある。いずれも「鰓《えら》が張った顔」「大きく尖った耳」に特徴があるとされるが(『元禄の世へ　将軍家綱・綱吉と宮廷の美』図版解説)、法隆寺の画像は頬がややこけており、たんぱく質や脂質を十分にとっていないとの印象をあたえる。

また、綱吉は、一六九六(元禄九)年八月に、酒に酔う不届き者がいるので、かねてより大酒を飲むことを停止していたがさらに慎しむこと、客に酒を強要することは無用であり、酒狂《さけぐる》いの者に飲酒させた者も落度《おちど》とすること、酒商売を渡世とする者を逐次減らすようにすること、とする飲酒抑制令をだし、「総じて酒給《た》べ候儀、上に御嫌いなされ候間、面々慎み候ように」との趣旨が付け加えられた。さらに、一六九七(元禄十)年十月になると酒運上《さけうんじょう》▲を創設して、酒を高値にして人びとが酒を多く飲まないようにする方策をとった。

これは飲酒とそれにともなう非合理的な陶酔《とうすい》の空気に対して、儒学を基本と

▼**酒運上**　江戸時代の酒造税。幕領《ばくりょう》では一六九七(元禄十)年に課税、一七〇九(宝永六)年に廃止されたが、私領では種々の名目で課税が続けられた。

徳川綱吉像（複製。原本は法隆寺蔵）

徳川綱吉像（長谷寺蔵）

伝徳川綱吉筆『稼《か》穡《しょく》図《ず》屏風』（左隻部分）

しての強化を願った綱吉の意図が示されたもので、相応の効果をおさめたと指摘されている（塚本学『徳川綱吉』）。ただし、綱吉自身が酒をきらっていたかどうかは留保が必要である。『松蔭《まつかげ》日記』▲によれば、柳沢《やなぎさわ》邸に御成《おなり》をした綱吉が酒を召していたことがわかる。塚本氏も指摘するように、飲酒厳禁令ではなく、飲酒抑制令であり、節度を保った飲酒までをも排除するものではなかった。

浅野長矩の殿中刃傷事件

一七〇一（元禄十四）年三月十四日の朝、江戸城本丸で刃傷《にんじょう》事件が生じた。浅野長矩《ながのり》が幕府高家《こうけ》▲吉良義央《きらよしなか》▲を殿中《てんちゅう》で切りつけ、長矩は即日、切腹《せっぷく》を命じられた。そして、翌年十二月には大石良雄《おおいしよしお》▲ら四六士による吉良邸襲撃事件に発展する、いわゆる赤穂《あこう》事件の発端である。

毎年、将軍から朝廷に年頭の祝儀を贈った答礼として、二月下旬から三月上旬にかけて京都から公家（勅使《ちょくし》▲・院使《いんし》▲など）が江戸に参向《さんこう》する。この年は、三月十一日に公家が江戸に参着し、十二日に綱吉がこれを引見し、十三日に猿楽《さるがく》▲の饗応《きょうおう》をおえた。十四日は勅答《ちょくとう》の儀があり、通例に従えば公家は五《いつ》つ半時《はんどき》（午前

▼**『松蔭日記』**　正親町町子《おおぎまちまちこ》（柳沢吉保の側室）著。吉保が側用人から老中に上り詰め栄華をきわめるまでのようすを和文体《わぶんたい》で描いた日記文学。

▼**高家**　江戸幕府の儀礼・典礼《てんれい》をつかさどる家。吉良・畠山《はたけやま》・武《たけ》田《だ》などの名家が任じられた。日《にっ》光《こう》・伊勢《いせ》への代拝《だいはい》、京都への使者、勅使の接待などを担当した。

▼**吉良義央**　一六四一～一七〇二。一七〇一（元禄十四）年高家筆頭。江戸城内で浅野長矩に斬りつけられ負傷、御役御免となる。翌年、大石良雄らから襲撃され死亡。

▼**大石良雄**　一六五九～一七〇三。赤穂藩家老《かろう》。主君浅野長矩の仇を討つため、一七〇二（元禄十五）年十二月十四日義士四六人とともに江戸本所《ほんじょ》の吉良邸に討ち入り、〇三（同十六）年切腹。

▼**勅使**　天皇の意思（勅）を伝える使者。

九時ごろ）に登城して、巳刻（午前十時ごろ）に将軍が白書院《しろしょいん》に出座して天皇への返答（勅答）を勅使に伝え、勅使はじめその他の参向の公家たちが自分の礼を綱吉に言上《ごんじょう》してお目見えをすませ、帰洛《きらく》の暇をえたのちに退出する予定であった。

公家衆の馳走役《ちそうやく》は儀礼に精通した高家肝煎《きもいり》の指導のもとにつとめるのが慣例であり、二月四日に館伴《かんばん》（勅使馳走役）は浅野長矩、院使馳走役は伊達村豊《だてむらとよ》▲が命じられた。一カ月余りをかけて準備してきた饗応役があと数時間で終ろうとしていたときに、事件はおきた。場所は、勅答の儀式場である白書院のすぐ近くの廊下であった。時刻は「四つ過」「四つ半」とあるので、午前十時をまわったころで、将軍の出座直前であったとみられる。

幕府留守居番《るすいばん》梶川与惣兵衛頼輝《かじかわよそべえよりてる》の日記（『忠臣蔵《ちゅうしんぐら》』三）によれば、梶川は御台所《みだいどころ》（鷹司信子《たかつかさのぶこ》）からの両使への使者をつとめており、その刻限が急に早まったことを吉良側から伝えられたので、詳細を聞きたいと吉良を探しに大広間のうしろをとおって大廊下のほうへいった。角柱からみると大広間よりの部屋の障子ぎわに、勅使馳走役の浅野長矩、院使馳走役の伊達村豊、白書院よりの部屋に高家の姿が大勢みえた。坊主の一人に吉良を呼ばせたところ、吉良は老中《ろうじゅう》に呼び

▼**院使**　院（上皇《じょうこう》・法皇《ほうおう》・女院《にょいん》）の意思を伝える使者。

▼**猿楽**　能楽《のうがく》のこと。室町《むろまち》時代に田楽《でんがく》や曲舞《くせまい》などの要素を取り入れ、観阿弥《かんあみ》・世阿弥《ぜあみ》父子により大成。江戸時代には幕府式学《しきがく》として重用される。

▼**伊達村豊**　一六八二〜一七三七。左京亮《さきょうのすけ》。和泉守《いずみのかみ》。若狭守《わかさのかみ》。伊予《いよ》吉田《よしだ》三万石。院使前大納言《さきのだいなごん》清閑寺熙定《せいかんじひろさだ》の接待役を命じられた。

だされていて不在だった。つぎに坊主をとおして浅野を呼び、立ち話をしたあとに浅野はもとの位置に戻った。その後、吉良が白書院のほうから戻ってくるのがみえたので、ふたたび坊主に呼びにいかせた。双方あゆみより、大廊下の角柱より六、七間《けん》(約一二メートル)のところで出会い、立ち話をした。そのとき、吉良のうしろから浅野が脇差《わきざし》で二太刀、吉良の眉間と背を切りつけた。梶川は浅野を抱き留め、吉良は目が眩《くら》んで倒れ、高家数人が走りつけて双方を引き分けた。吉良の傷は浅かったものの、桜の間《ま》まで逃げるあいだ、畳一面に血がこぼれていたという。

　このことは大目付《おおめつけ》と目付からすぐに上申《じょうしん》され、柳沢吉保《よしやす》・老中・松平輝貞・若年寄《わかどしより》で相談して綱吉に報告された。目付の多門伝八郎《おかどでんぱちろう》▲と井上平八郎《いのうえへいはちろう》の二人が浅野と吉良のもとに派遣され、浅野に対しては場所柄をわきまえず刃傷におよんだ理由をたずねると、浅野は一言の申開きもせず、「上《かみ》(綱吉)に対して少しも恨みはなく、一己《いっこ》の宿意をもって前後を忘却して吉良を討ち果たそうとしただけなので、どのような仕置も受けるが、吉良を打ち損じたことだけが無念である」と答えた。そのため、浅野の意趣に関しては正確なことは伝わらないが、

▼**多門伝八郎**　一六五九〜一七二三。初め信守《のぶもり》、のち重共《しげとも》。書院《しょいん》番《ばん》、小十人組頭《こじゅうにんぐみがしら》をへて、一六九七(元禄十)年より目付、武蔵国《むさしのくに》埼玉郡内に三〇〇石を加増され、都合七〇〇石。

浅野は殿中をも憚《はばか》らず、時節柄といい重々不届きなので切腹を命じられ、預け先の田村建顕《たむらたてあき》の邸で、即日、処刑となった。

吉良に対しては、浅野から恨みをかった覚えがあるかどうかが確認され、吉良はなんの心当りもない旨を答えた。綱吉は吉良を「構《かまい》なし」と判断し、よく養《よう》生《じょう》するようにと伝えさせた。この措置は喧嘩《けんか》両成敗《りょうせいばい》からいえば浅野に厳しいと批判されたが、吉良は場所柄をわきまえ、手向かわなかったのが「神妙の至り」と判断されて、右のように決したとも伝えられる（「多門伝八郎覚書」）。

血の穢れ

殿中で吉良を手当した医師栗崎道有《くりさきどうゆう》▲の記録によれば、事件時に栗崎は神田明神《みょうじん》下の酒屋を往診中であったが、大目付から急ぎ登城して吉良を治療するよう呼びだされた。そのころは「上（綱吉）御清穢《おきよめけがれ》等勤役ノ面々モ我人《われひと》大切ニ慎ム時節柄」であったので、急を要するにもかかわらず身を清めて登城した。吉良の止血中にも、血にふれた衣類などは吉良の挟箱《はさみばこ》にいれさせ、畳も血が流れて汚らわしくみえるところを吉良の家来《けらい》に掃除させた。その理由は、綱吉か

▼**栗崎道有**　一六六〇～一七二六。名は道仙《どうせん》、正羽《まさゆき》。一六九一（元禄四）年に推挙されて幕府御番《おばん》外科《げか》となる。オランダ医学も学んだ。

らお尋ねの使者などが来たときに、部屋が汚れていると使者が穢れにふれてしまい、そうなると綱吉の御座席《ござせき》にでることができなくなるため、部屋をきれいに「ムサカラヌ」ようによく掃除をしたのだという。ここに清め規定の周知徹底ぶりと血の穢れに神経を尖らせている江戸城の異様な空気を知ることができる。

綱吉は勅使が参向して対面するときには、必ず沐浴《もくよく》し、衣服を召しかえて、心を精一にして対面していたという(「常憲院殿御実紀附録《じょうけんいんでんごじっきふろく》」上)。そのようにして臨む清浄な儀礼空間を、長矩は血で穢してしまったのである。服忌令とともに定められた清め規定では、血が三滴で穢れとみなされた。清め規定に殿中刃傷事件に対する具体的な罰則はないが、そうしたことは絶対にあってはならないことであった。したがって、規定にはなくとも、綱吉が浅野の行為を死に値するものと判断したとしても不思議ではない。

事件は勅使にも伝えられ、触穢とならないかをうかがったところ、勅使の柳原資廉《やなぎはらすけかど》は「穢れに及ぶことではないので勅答を仰せ出されても支障はないが、(綱吉の)ご機嫌次第に」と返答した(「関東下向日記《かんとうげこうにっき》」)。吉良が死んでおらず死穢ではないこと、日程が差し迫っていることなどにより、現実的な解決策が選択され、儀式は白書院から黒《くろ》書院に変更してとどこおりなく行われた。だからといって綱吉の憤怒《ふんぬ》の感情がおさまるはずもなく、浅野長矩の即日切腹、赤穂五万石の改易《かいえき》となって示されることになった。切腹は預け先の田村家の庭先であり、大名としての名誉すらあたえられなかった（渡辺世祐『正史赤穂義士』）。

現代にいたるまでこの事件は喧嘩とされ、綱吉の処罰が両成敗ではないことの可否を論じてきたが、綱吉にとってなにが重罪だったかという観点から事件をみなおす必要があろう。つまり、綱吉が事件を判断した基準は喧嘩ではなく、別の次元にあった。それは、綱吉が江戸城に定めた血や死の穢れに対する清浄の観念の厳守である。江戸城内の穢れに対する異常なまでの緊迫感を前提におくならば、時と場所をわきまえない行為による切腹という処罰に示された綱吉の真の意図は、喧嘩を罪に問うたのではなく、穢れに対する姿勢の差を問うたのだと理解できる。浅野の罪は、清められるべき殿中（場所柄）に加え、勅使を迎える清浄な日（時節柄）をまさに穢したことにあった。

▼**バタビア**　インドネシアの首都ジャカルタのオランダ領時代の呼称。一六〇二年から東インド会社の拠点であった。

④—徳川王権への道

ケンペルとの問答

ケンペルは初年度(一六九一〈元禄四〉年)の参府《さんぷ》で、オランダ商館長の正式の謁見《えっけん》をおえたあとに奥の御座所《ござしょ》に商館長とともに招かれて見物を受けた。綱吉は、年齢と名前、オランダ・バタビア▲・長崎の距離、バタビア総督《そうとく》とオランダ国王の権力関係についてたずね、さらには「内科と外科の病気のうち、なにが一番重く危険だと思うか」、「癌《がん》などの体内の潰瘍《かいよう》の対処法」、「支那《しな》(中国)の医師が数百年来行ってきたように、長寿の薬を探し求めているのではないか」、「ヨーロッパの医師がすでに長寿の薬を発見したのではないか」などと質問した。ケンペルは、「どうすれば人間は高齢になるまでおのれの健康を保てるか、という秘宝を発見しようと、われわれ医師は毎日研究しております」と答え、さらに綱吉から具体的な薬の名を問われている。

翌年の参府でも同様の場がもたれ、綱吉はケンペルにいかなる重病を治したかを聞きたがった。また、家や習慣のことをたずね、「葬儀はどのようにするか」と問い、ケンペルは「遺体を墓場へ運んでいく日で、それ以外は葬儀を行わない」と答えた。さらに皇子の地位、皇子とバタビア総督との関係、ポルトガル人がもっているような偶像をもっていないかどうか、オランダや他の国でも雷がなったり、地震でゆれ、落雷が人を殺したりすることがあるのかどうか、をたずねた。そして、いくつもの膏薬《こうやく》の名をケンペルにあげさせたという。これらの質問から、綱吉の関心事は第一に長寿や健康に関する事柄であり、第二には王権と諸権力の関係にあった。

ところで、ケンペルは細心の観察力をもって江戸《えど》城内のようすや御台所《みだいどころ》信子《のぶこ》の容姿などを記録しているが、肝心の綱吉に関しては記すところがない。正式の謁見の場ではオランダ商館長のみが部屋に招き入れられ、ケンペルは控え室に残されていた。商館長に聞いた謁見のようすは、「オランダ・カピタン」という大声のあと、献上品がきちんとならべてある場所と将軍の高い座所とのあいだで商館長は命じられたとおりに跪《ひざまず》き、頭を畳にすりつけて手足で這《は》うように進みでて、一言もいわずにまったくザリガニと同じようにふたたび引きさがったのだという。この方法は、毎年大名《だいみょう》たちが行う謁見でも同じような経過で名前を呼ばれ、うやうやしく敬意をあらわし、また後ずさりして引き下がるのだ、と記している。謁見の場で将軍の顔を拝せなくなったのは綱吉の時代からのようで、『三王外記《さんのうがいき》』の記事ながら、先代（家綱）に拝謁するときはあおいで尊顔を拝せたが、当代（綱吉）はおのずから平伏して、いつのまにか首が地についていたという陸奥《むつ》仙台の大名伊達綱村《だてつなむら》▲の述懐を伝える。表《おもて》でのこうした謁見に加えて、奥の座敷でも綱吉は御簾《みす》のうしろに隠れて、その姿をみられないよう用心していた。そのため、ケンペルは綱吉の姿を記録することができなかったのである。

儒学への傾倒

将軍家では一月三日の謡曲《ようきょく》初めに続き、兵法《へいほう》初めとして弓・剣術・乗馬を将軍みずからが行い、武家《ぶけ》の棟梁《とうりょう》としての範を示すことを恒例としていたが、綱吉は将軍に就任すると早々に年頭行事に変更を加えた。一六八一（天和《てんな》元）年一月三日の兵法初めが十八日まで延期され、八二（同二）年からは御読書初めに変えられ、小納戸役《こなんどやく》柳沢保明《やなぎさわやすあきら》（のちの吉保《よしやす》）が『大学《だいがく》』三綱領を講じ、以後の例と

▼**伊達綱村**　一六五九〜一七一九。陸奥仙台六二万石。父綱宗《つなむね》の強制隠居により家督《かとく》を継ぐ。治世期に伊達騒動が起きた。

なった。

また、綱吉は将軍就任直後から幕府《ばくふ》儒臣《じゅしん》の林《はやし》春常《しゅんじょう》(信篤《のぶあつ》)に『大学』を進講させていたが、一六八五(貞享《じょうきょう》二)年四月からは毎月三、四回の『詩経《しきょう》▲』の講読に進んだ。一六九二(元禄《げんろく》五)年六月二十一日には四年以前より進めてきた「四書《ししょ》」の講釈が成就した。翌年からは『周易《しゅうえき》▲』の講筵《こうえん》を月六回と定め、日光門主《にっこうもんしゅ》はじめ、一門《いちもん》・国持《くにもち》・譜代《ふだい》大名、旗本《はたもと》、その他江戸に参向《さんこう》した公家《くげ》や諸寺の高僧を交えて行われ、好学の者は願い出るままに拝聴を許した。八年をへた一七〇〇(元禄十三)年十一月二十一日まで二四〇座でおえている。

一六八三(天和三)年七月には、武家諸法度《しょはっと》を発布した。将軍代替わりごとに発布され、綱吉のものは発布の年号をとって「天和令《れい》」と呼ばれる。それまでの法度に儒教《じゅきょう》的な立場から大きく変更が加えられたことが特徴で、綱吉の政治理念が象徴的にあらわれている。とくに第一条「文武弓馬《ぶんぶきゅうば》の道、専《もっぱ》ら相嗜《たしな》むべき事」とあったものを、「文武忠孝《ちゅうこう》を励し、礼儀を糺《ただ》すべき事」に改めた。要するに、「弓馬の道」という武士の嗜みをはずし、主君に対する「忠」、親に対する「孝」、武士の行動規範としての「礼」を第一におくことで、武威による軍事支配

▼**『詩経』**　五経《ごきょう》の一つ。孔子の編と伝わる中国最古の漢詩集《かんししゅう》。

▼**『周易』**　中国の周の時代に行われたとされる占法。陰陽《いんよう》の組み合わせで八卦《はっけ》をつくり占う。易経として五経に加えられた。

から儒学の徳目《とくもく》による君子《くんし》政治へと転換をはかろうとしたのである。

一六九〇(元禄三)年に綱吉は儒学《じゅがく》の振興をはかるため、湯島《ゆしま》の地に聖堂《せいどう》を創建することにした。上野《うえの》忍岡《しのぶがおか》の林家《りんけ》私邸にあった孔子廟《こうしびょう》と林家の家塾を移して大成殿《たいせいでん》と改称し、綱吉みずからが黒漆《くろうるし》地に金文字で「大成殿」と書いた扁額《へんがく》を掲げ、みずから描いた聖像《せいぞう》をもあたえたという。落成後は聖像を大成殿に移し、祠田《しでん》として一〇〇〇石をあたえた。さらに、神田台《かんだだい》の地を魯国《ろこく》になぞらえて昌平坂《しょうへいざか》ととなえ、相生橋《あいおいばし》(一説、芋洗橋《いもあらいばし》)を昌平橋と改めた。一六九一(元禄四)年には林春常に束髪《そくはつ》▲を命じ、従五位下《じゅごいげ》に叙し、大学頭《だいがくのかみ》と改称させて鳳岡《ほうこう》と改名し、その他の儒官《じゅかん》もみな束髪に改めさせた。このときから大成殿と付属の建造物を総称して「聖堂」と呼ぶようになった。

一年をかけて完成した聖堂は、緑・青・朱漆などを用いた極彩色の建造物であった。一七〇四(宝永元《ほうえい》)年の江戸大火により焼失したが、同年に大成殿・杏壇《きょうだん》門・入徳門《にゅうとくもん》・仰高門《ぎょうこうもん》、聴堂《ちょうどう》・斎室《さいしつ》・学舎《がくしゃ》・廟幹舎《かんしゃ》などが建造され、規模の拡大をみた。ただし、現在まで遺っているのは入徳門のみである。寛政《かんせい》の改革で幕府直轄(官学《かんがく》)の昌平坂学問所《がくもんじょ》▲に発展させるにあたり、その威容を整えるため、

▼**束髪**　総髪にして束ねてゆうこと。儒者はそれまで身分的には僧侶であったため剃髪していたので、儒者の髪型を改めさせた。

▼**昌平坂学問所**　上野忍岡にあった林家の私塾を一六九一(元禄四)年神田湯島に移し、昌平黌《こう》と称していたが、一七九七(寛政九)年に名称を学問所に改めた。

朱舜水《しゅしゅんすい》▲が水戸《みと》徳川光圀《とくがわみつくに》のために製作した孔子廟の模型を参考にし、一七九七(寛政九)年に黒塗漆一色の荘厳なたたずまいに改められた(西山松之助監修『湯島聖堂と江戸時代』)。

仏教の外護

綱吉は、毎日、近臣《きんしん》を三の丸に派遣して桂昌院《けいしょういん》の起居をうかがい、時間のあるときは来訪し、みずから猿楽《さるがく》を演じ、絵を描いてみせ、本丸《ほんまる》に母を迎える際もその意にかなうようにと心をつくした。桂昌院は仏教に深く帰依《きえ》していたため、寺領・僧官のことなどを母から頼まれると綱吉は断わることができなかった。その代表は、桂昌院が深く帰依していた上野国《こうずけのくに》碓氷《うすい》八幡別当大聖《はちまんべっとうだいしょう》護国《ごこく》寺《じ》の住持《じゅうじ》の亮賢《りょうけん》▲に江戸高田《たかだ》村(現、文京《ぶんきょう》区大塚《おおつか》)にあった幕府薬園《やくえん》の土地をあたえ、一六八一(天和元)年二月には護国寺▲を創建させたことである。亮賢は綱吉誕生の際に桂昌院の安産を祈り、その功があったことから帰依を受けたという。一六八八(元禄元)年三月二十一日には、亮賢の推薦を受け綱吉の信任の厚かった隆光《りゅうこう》が住持をつとめる知足院《ちそくいん》▲(筑波山神社別当寺《つくばさんじんじゃべっとうじ》)の建立《こんりゅう》を命じた。このほか

▼**朱舜水**　一六〇〇〜八二。明《みん》末の儒者。一六五九(万治《まんじ》二)年日本に亡命し、水戸の徳川光圀に厚遇された。

▼**亮賢**　一六一一〜八七。新義《しんぎ》真言宗《しんごんしゅう》の僧侶。江戸護国寺の開山《かいさん》。

▼**護国寺**　開基は桂昌院。如意《にょい》輪観音《りんかんのん》を本尊とし、寺領三〇〇石をあたえられ、京都仁和寺《にんなじ》の直末《じきまつ》として亮賢にあたえられた。

▼**知足院**　一六八八(元禄元)年に隆光が住職に任命されると、湯島から江戸城に近接する竹橋《たけばし》に移され、九五(同八)年には寺号を護《ご》持院《じいん》と改めた。一七一七(享保《きょうほう》二)年に焼失し、護国寺に移された。

にも、久能山東照宮《くのうざんとうしょうぐう》▲の堂社修復、尾張熱田《おわりあつた》神宮や伊勢《いせ》神宮をはじめ、戦国の動乱で焼失した東大寺大仏殿《とうだいじだいぶつでん》の再興など、連年の寺社修築を進めている。

　こうして綱吉期には、全国で一〇六例にものぼる寺社造営がなされた（大野瑞男『江戸幕府財政史論』）。その金額は推定で約七〇万両を超えるとされ（高埜利彦『元禄・享保の時代』）、ここに幕府財政の建直しという経済政策が必須となり、勘定奉行《かんじょうぶぎょう》荻原重秀《おぎわらしげひで》▲が重用される素地が生まれ（杣田善雄「元禄の東大寺大仏殿再興と綱吉政権」）、結果として貨幣改鋳《かへいかいちゅう》による経済混乱を招くことになる。他方、文化保存の観点からみれば、この時期の寺社造営は十七世紀初頭に豊臣秀吉《とよとみひでよし》の遺子秀頼《ひでより》とその母淀《よど》が、豊臣の威信をかけて取り組んだ寺社造営▲に匹敵する一大文化事業であった。

　一方、庇護を受けようとしない日蓮宗《にちれんしゅう》の不受不施派《ふじゅふせは》▲に対しては徹底的に弾圧し、多くの関係者が処罰されている。このことは、綱吉が仏教を単に崇拝して外護《げご》しただけでなく、みずからの権威のもとに仏教諸勢力を従わせようとする意図があったことを意味していよう。

　日光山輪王寺《にっこうさんりんのうじ》には、綱吉自筆の「観用教戒《かんようきょうかい》」が伝来する。漢文体で記された

▼**久能山東照宮**　静岡市南東部、有度山《うどやま》の南麓に位置し、徳川家康をまつる。

▼**荻原重秀**　一六五八～一七一三。近江守。一六九六（元禄九）年勘定奉行となり、元禄の貨幣改鋳など幕府の経済政策に手腕を発揮したが、一七一二（正徳《しょうとく》二）年新井《あらい》白石《はくせき》の建言により罷免される。

▼**豊臣の寺社造営**　京都方広寺《ほうこうじ》大仏殿をはじめ、相国寺《しょうこくじ》、南禅寺《なんぜんじ》、醍醐寺《だいごじ》、石清水八幡宮《いわしみずはちまんぐう》、等持院《とうじいん》、北野神社《きたのじんじゃ》、鞍馬寺《くらまでら》、伊勢《いせ》宇治橋《うじばし》、尾張熱田神宮、出雲大社《いずもたいしゃ》などの修造を行った。

▼**日蓮宗の不受不施派**　日蓮の教える法華経《ほけきょう》の教義に絶対的な帰依をよせ、信者以外からの布施を受けず、またほどこさないとする一派。

護国寺仁王門扁額

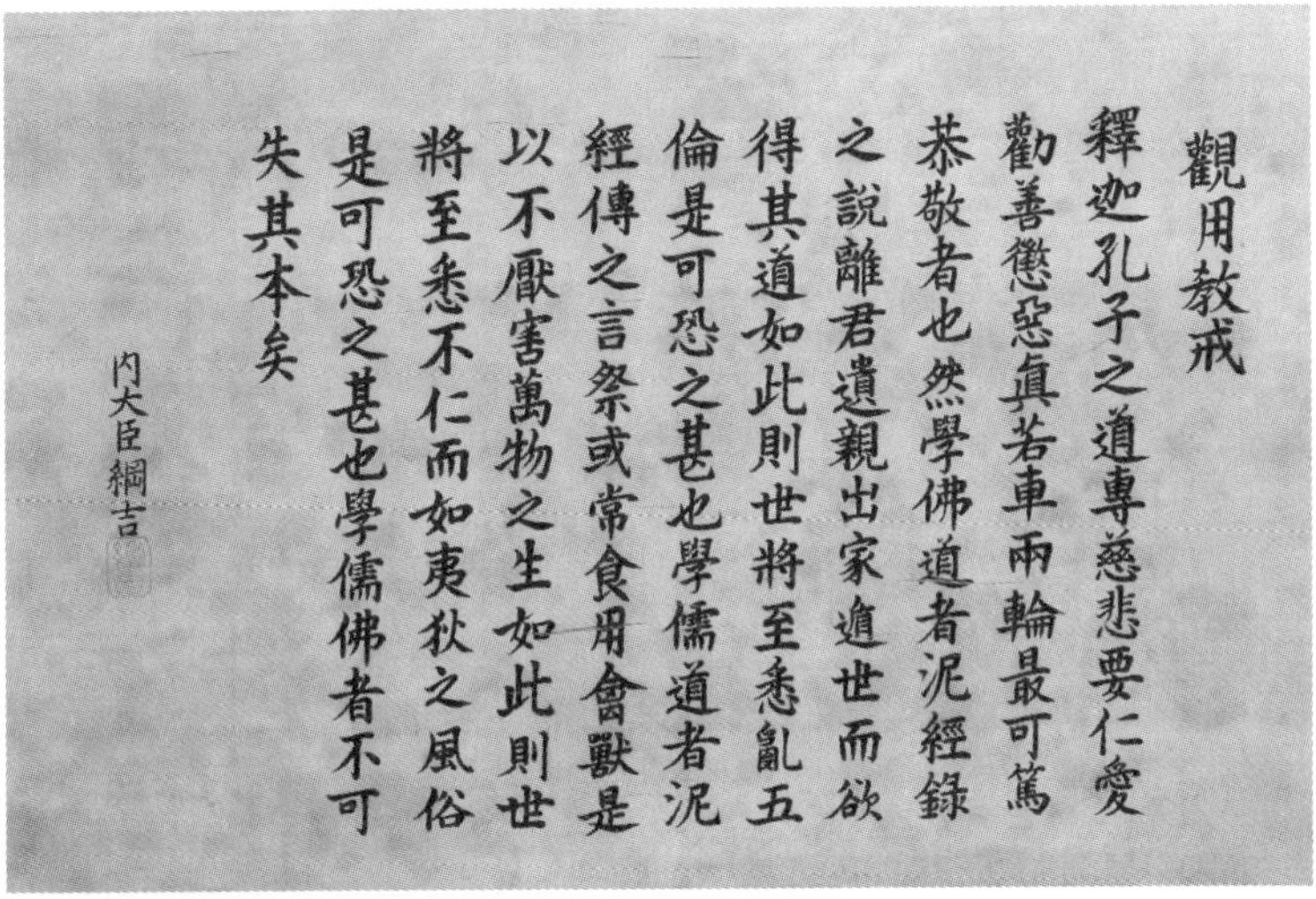

觀用教戒

釋迦孔子之道專慈悲要仁愛勸善懲惡眞若車兩輪最可篤恭敬者也然學佛道者泥經錄之說離君遺親出家遁世而欲得其道如此則世將至悉亂五倫是可恐之甚也學儒道者泥經傳之言祭或常食用會獸是以不厭害萬物之生如此則世將至悉不仁而如夷狄之風俗是可恐之甚也學儒佛者不可失其本矣

内大臣綱吉

徳川綱吉筆「觀用教戒」

一二四文字の教訓で、「常憲院殿御実紀附録《じょうけんいんでんごじっきふろく》」中によれば一七〇二(元禄十五)年九月二十二日に綱吉が柳沢吉保にあたえたものという。「釈迦《しゃか》と孔子の道、すなわち仏教と儒教は慈悲《じひ》をもっぱらにし、仁愛《じんあい》を要《かなめ》とし、善を勧め、悪を懲《こ》らしめ、真に車の両輪のごとくで、もっとも恭敬を篤くすべきものである。しかし、仏道を学んで経録の説に拘泥《こうでい》すれば、主君を離れ、親を遺《のこ》して出家遁世《しゅっけとんせい》し、その道をえることを望むようになる。そうなれば、世の中はまさに五倫《ごりん》が乱れて、恐るべきこと甚大である。また、儒道を学んで経博《けいはく》の言に拘泥すれば、祭日あるいは常日に禽獣《きんじゅう》を用い、万物《ばんぶつ》の生を害することを厭《いと》わなくなる。そうなれば、世はまさに不仁《ふじん》にいたり、夷狄《いてき》の風俗となり、これは恐るべきこと甚大である。儒仏《じゅぶつ》を学んで、その本質を失うべきではない」と説く。

綱吉は儒教と仏教から学ぶべきものとして、「慈悲」「仁愛」「勧善懲悪《かんぜんちょうあく》」の三つをあげ、仏教を尊崇して五倫が乱れてはならないし、儒学を尊崇して万物の生害を厭わず、仁を尊ばない野蛮《やばん》の風俗になってはならないので、儒仏双方の本質のみを学ぶべきと主張する。とくに「儒仏は真に車の両輪のごとく」と述べたところに、綱吉の儒仏に対する思想がよく示されている。

徳川王権の神聖化

綱吉は将軍就任後に二度にわたる日光社参を計画しながら、幕府の財政状況や困窮する旗本・諸大名を総動員することの弊害を考え、倹約の意より中止したと伝えられる。これを綱吉が神祖家康《いえやす》を敬う意識が弱かったからと解釈するのは慎重であるべきであろう。

綱吉は一六八三(天和三)年十一月に老中《ろうじゅう》阿部正武《あべまさたけ》▲と堀田正仲《ほったまさなか》▲を総裁とし、林春常・人見友元《ひとみとももと》・木下順庵《きのしたじゅんあん》に『三河記《みかわき》』の校正を命じ、その参考とするため三河以来の徳川家のことを記す書籍や家々の記録、感状《かんじょう》・書状などを所持する者へ書上《かきあげ》を命じた。これは一六八六(貞享三)年に『武徳《ぶとく》編年集成』三〇巻として大成し、このときの書上は「貞享書上」と呼ばれ、『譜牒余録《ふちょうよろく》』として刊行されている。また、松平忠冬《まつだいらただふゆ》▲は、先祖松平家忠《いえただ》が記した日記に天文《てんぶん》～文禄《ぶんろく》年間(一五三二～九六)から一六一五(元和元)年までの徳川家康の事績を加筆・増補した『家忠日記』を献上した。その後、秀忠《ひでただ》の事績をも編纂すべき旨が命じられ、一六八四(貞享元)年十二月に『東武実録《とうぶじつろく》』一〇巻を献上した。綱吉の祖先崇拝は、徳川家創業の歴史を後世に伝えるための歴史編纂事業へとつなげられた。

▼**阿部正武**　一六四九～一七〇四。武蔵忍《おし》八万石。一六八一(天和元)年より死去まで老中。

▼**堀田正仲**　一六六二～九四。一六八四(貞享元)年父正俊の刺殺後、遺領一三万石のうち一〇万石を継ぎ、下総古河《こが》、ついで陸奥《むつ》福島《ふくしま》に移される。

▼**松平忠冬**　一六二四～一七〇二。桜井《さくらい》松平氏。書院番《しょいんばん》・町《まち》奉行・徳松付・勘定奉行・側衆《そばしゅう》を歴任。この間、加増を受け五〇〇〇石。

また、すでにみたように儒仏の影響が指摘される綱吉の学問思想だが、神道との関係を位置づけておくことも不可欠だろう。綱吉の学問思想については、「それまでの歴代将軍が東照権現《ごんげん》中心の思想をバックボーンに据えてきたことと比べると、将軍綱吉は、東照権現中心の思想のほかに、神・儒・仏それぞれを学ぶことで独自の学問思想を充実させたようにみえる」と指摘されている（高埜利彦『元禄・享保の時代』）。

綱吉は、一六八七（貞享四）年に霊元《れいげん》天皇▲の譲位後、東山《ひがしやま》天皇の即位にあたり、重要儀式である大嘗祭《だいじょうさい》の復興を許可するなど、朝廷《ちょうてい》儀式の復活に理解を示した。さらに歴代天皇の山陵《さんりょう》が荒廃していることを聞き、神武《じんむ》より崇光《すこう》までの七八陵を調査し、六六陵をあらたに確定してその修復にあたらせ、一六九九（元禄十二）年に完了させた。一六八七年三月には明正院《めいしょういん》の御料《ごりょう》七〇〇〇石を加増し、一七〇五（宝永二）年一月には禁裏《きんり》御料一万石を加増し、〇六（同三）年には霊元院の御料三〇〇〇石を加増するなどした。一六九四（元禄七）年には、京都賀茂社《かもしゃ》に祭田《さいでん》七〇〇石をあたえ、中絶していた御蔭神事《みかげしんじ》▲（葵祭《あおいまつり》）を復興させたりした。

▼**霊元天皇**　一六五四〜一七三二。第百十二代天皇（在位一六六三〜八七）。識仁《さとひと》。後水尾《ごみずのお》天皇第十九皇子。朝廷儀式の再興につとめた。

▼**御蔭神事**　賀茂祭（葵祭）の前儀として、陰暦《いんれき》四月の中《なか》の午《うま》の日に下鴨社《しもがもしゃ》で行う祭り。神霊を御蔭神社から移す神事。

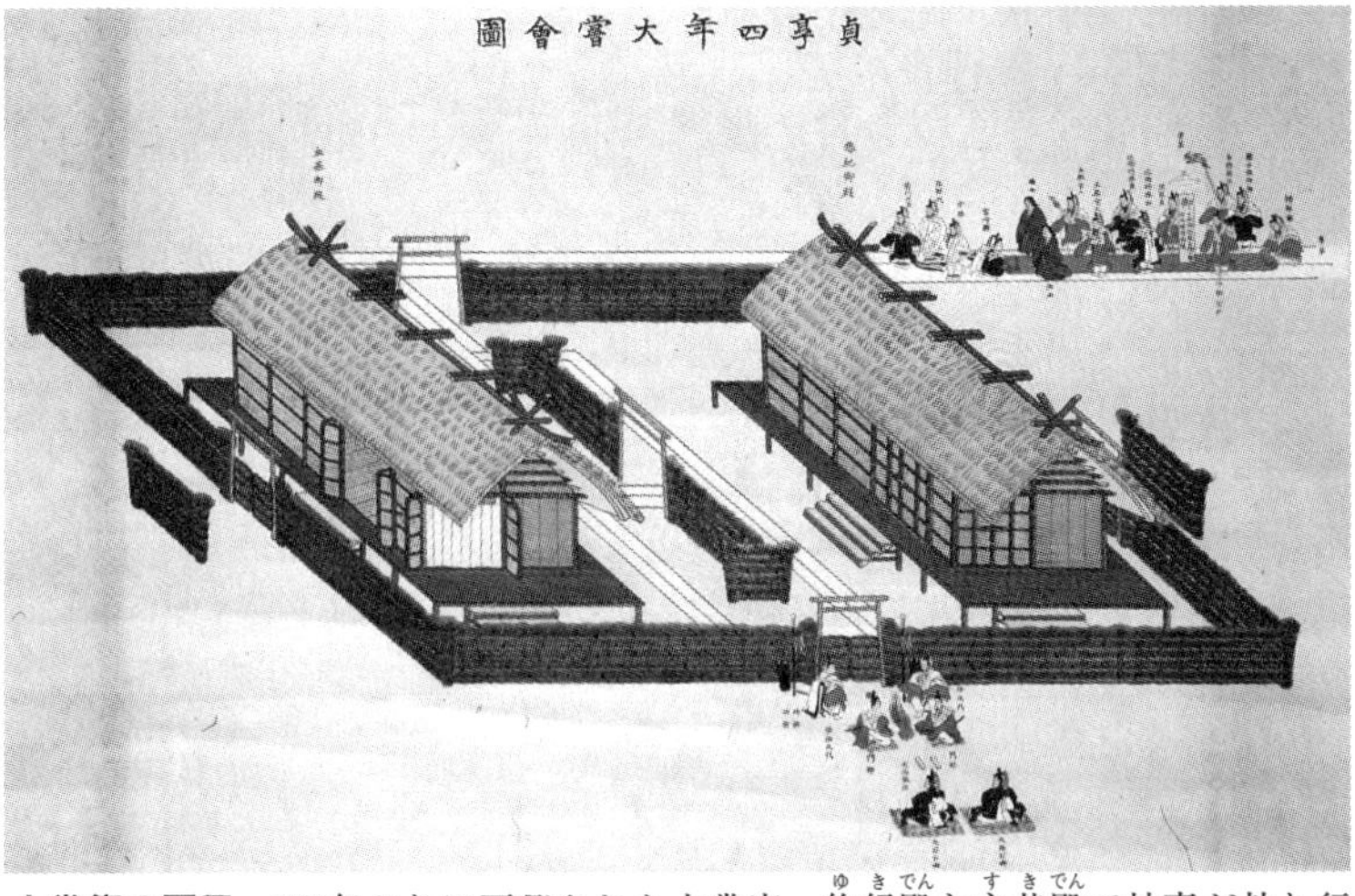

大嘗祭の再興　221年ぶりに再興された大嘗宮。悠紀殿《ゆきでん》と主基殿《すきでん》で神事が執り行われた。

富士山宝永噴火口　1707(宝永４)年11月，富士山が突如噴火し，登山口の須走《すばしり》村では１村が全滅する被害を受けた。周辺の村々に30cmの火山灰がふり，灰は武蔵・相模から安房にまでおよんだ。

また、禁中《きんちゅう》并《ならびに》公家（中）諸法度▲にも定められたように、和歌《わか》は天皇家の学問であったが、綱吉ははじめて歌学方《かがくかた》を幕府の職制に設けている。一六八九（元禄二）年十二月に北村季吟《きたむらきぎん》▲とその子湖春《こしゅん》を医員に準じて召しだし、季吟に二〇〇俵、湖春に二〇人扶持《ぶち》をあたえた。このころ、季吟の歌学の知識が高い評判をえていたためで、綱吉は季吟に歌書の講義をさせている。また、神道家《しんとうか》の吉川惟足《よしかわこれたり》を召しだしてもいる。綱吉が霊元院《れいげんいん》の進める「朝儀《ちょうぎ》復興」に協調路線をとりつつ、歌学や神道を従えようとする意図の現れであろう。

徳川政権が天下をおさめる正当性の由来は、「東照宮御遺訓」の有名な文章「天下は天下の天下なり」に象徴されるように、万民《ばんみん》のために政治をなそうとする家康に対して、天道の導きによって家康に天下支配が許されたとするものである。その後、家康が東照大権現として神格化されるにつれ、徳川の天下は権現様のご威光によるものとして、権現様の掟《おきて》に従うことが、天道にかわって将軍を権威づけるようになっていった。この変化に天皇家とは異なるあらたな王家の誕生をみようとする説もある（曽根原理『神君家康の誕生』）。

この時期にはヨーロッパでルイ十四世▲をはじめとして、君主の権力は神から

▼**禁中并公家（中）諸法度**　一六一五（元和元）年に幕府が天皇・公家・門跡《もんぜき》などを規制するために定めた法。一七カ条。金地院崇伝《すうでん》が起草した。

▼**北村季吟**　一六二四〜一七〇五。歌人。松永貞徳《まつながていとく》に学び、一六八九（元禄二）年、子の湖春とともに幕府歌学方に任じられる。

▼**ルイ十四世**　一六三八〜一七一五。フランス王。太陽王とも。在位一六四三〜一七一五。ブルジョアジー出身者を重用し、中央集権化を推進して絶対王政を展開。

授けられた絶対のものであり、教皇《きょうこう》など他の権力から制約されないとする思想である王権神授説《おうけんしんじゅせつ》が絶対君主の支配を正当化するために主張されている。世俗的権力である徳川家が、天道であれ、その守護神である権現様からであれ、天下人たる地位＝絶対不可侵の王権をあたえられたとする主張は王権神授説という言説の出現に共通するものがあるように思われる。

ただし、綱吉の場合は、王権の誕生過程は屈折していた。家康の曽孫であり、権現様の血筋を引いてはいたが、長子単独相続という武家相続の伝統からいえば、綱吉は異端であり、聖なる王としての資質に翳《かげ》りがあった。そのため、綱吉はさまざまな手段を通じてみずからの権威性を高め、真の「天子《てんし》」（君主）たろうとした。とくに綱吉が天変地異に対して積極的に対処しようとしたことは、「天子」たろうとする自己意識が強くあったことを裏づけている。

これまで日本の暦《こよみ》は中国渡来の暦《れき》法（宣明暦《せんみょうれき》）を用いていたが、日食や月食が的中しないことがしばしばあった。これは中国と日本とでは緯度が異なるためで、渋川《しぶかわ》春海《しゅんかい》《はるみ》▲はみずから新暦をつくって改暦を願い出た。これが許されて一六八四年十月に改暦宣下《せんげ》となった。同年十二月一日には、その功により春海

▼**渋川春海**　一六三九〜一七一五。幕府碁所安井算哲《ごしょやすいさんてつ》の長男。父の跡を継ぎ、安井算哲を名乗り、のち保井《やすい》、渋川と改姓。神道・暦学を学び、みずから新暦をつくった功により天文方に任じられた。

ははじめて幕府天文方《てんもんかた》に任じられ、以後は天文方が改暦のことを扱うようになった。朝廷においては古来より土御門《つちみかど》氏▲（安倍《あべ》氏）が天文博士《はかせ》を世襲し、天文の異変が起こると吉凶《きっきょう》を占い、密封して天皇に奏上《そうじょう》していた。とくに日食や彗星《すいせい》は天変のなかでももっとも由々しきものと考えられており、それらを予測して奏上することが天文博士の重要な職務だった。

近年、綱吉が日食を忌避したことが明らかにされており（杉岳志「徳川将軍と天変」）、幕府職制における天文方の設置は、単に暦だけでなく、徳川王権において天変地異の掌握をめざしたものとみなすことができる。これも綱吉がみずからを「天子」として意識し、「天子」の不徳・失政によって生じるとされる天変地異を予測することで、徳川王権を天の祟りから守り、ひいては日本国の自然と社会の秩序を維持しようとしていたと考えられるかもしれない。また、一六九七（元禄十）年には各国ごとに国絵図《くにえず》▲と郷帳《ごうちょう》の提出を命じたことも、綱吉が天子として国土の掌握を意図したものと位置づけられよう。

天変地異のなかでも、綱吉は雷や地震を怖《おそ》れていた。ケンペルによれば、「殿《てん》中《ちゅう》にはなお地下室があり、その上部は水をいれた平らな広い水盤からできてい

▼**土御門氏**　陰陽道《おんみょうどう》を家職とする。一六八三（天和三）年に泰福《やすとみ》が陰陽師頭《おんみょうじのかみ》に任じられ、全国の陰陽師を支配下においた。

▼**国絵図**　国郡制の国を基準として、担当の大名に作成させ、幕府に提出させた。慶長《けいちょう》・正保《しょうほう》・元禄・天保《てんぽう》の四回、作成された。

て、将軍は雷がなるときには安全のためその地下室にいく。なぜなら、その場合には稲光が水の中で消されるかもしれないからだという」と記している。また、将軍の御座所近くの中庭に二カ所、地震の間《ま》が設けられていた。

一七〇三（元禄十六）年十一月二十二日の夜（「八つ過」）には、いわゆる元禄大地震が関東地域（武蔵《むさし》・相模《さがみ》・安房《あわ》・上総《かずさ》）を襲った。震源地に近い小田原《おだわら》は、とくに壊滅的な被害をうけた。これは一六四九（慶安《けいあん》二）年以来の地震といわれ、マグニチュードは八・二と推定されている。江戸城の城まわりはところどころ破損し、大名屋敷・旗本屋敷も多く潰れたり、半崩れになったりした。急ぎ登城した隆光によれば、綱吉は庭にでて避難していたという。

一七〇七（宝永四）年十一月二十三日に富士山の大噴火が始まった。前日から三〇回にもおよぶ地震が続いたが、朝八時ごろに黒煙が立ちのぼり、爆発音が響き渡った。灰は江戸まで届き、さらに上総・下総《しもうさ》・安房にもおよんだという。十二月九日の朝まで噴火は続いた。富士山の中腹にできた噴火口の跡は、噴火期の和暦をとって「宝永山」と呼ばれている（七五ページ下写真参照）。地震という地異を怖れた綱吉にとって、この数週間は悪夢のような日々が続いたことだろう。

綱吉の御成

綱吉の自筆書画は多く、『寛政重修諸家譜《ちょうしゅうしょかふ》』によれば大名・旗本などにあたえた品は一〇〇〇余点を超えるという。これらの行為は、聖賢の教えをみずから書いてあたえることで、君主の恩を示そうとしたもので、恩賜《おんし》としてあたえた鷹場や御鷹《おたか》の鳥にかわるものと評価されている（塚本学『徳川綱吉』）。

画では、堀田正俊《まさとし》にあたえた「虎図扇面《とらずせんめん》」（次ページ上写真参照）、側用人《そばようにん》として信頼の厚かった松平輝貞《てるさだ》にあたえた「雉《きじ》図」、柳沢吉保にあたえた「桜馬図《さくらにうま》」（扉写真参照）、榊原忠次《さかきばらただつぐ》にあたえた「馬図」（次ページ下写真参照）、日光東照宮宝物館伝来の「蓮華《れんげ》図」、愛宕《あたご》神社（館林市）奉納の「葦鷺《あしさぎ》図」などが現存する。また、幕府御用絵師狩野派《ごようえしかのうは》の指南を受けて描いたと伝わる『稼穡図屏風《かしょくずびょうぶ》』（五七ページ下写真参照）も久能山東照宮博物館に伝来する。

加賀金沢《かがかなざわ》の大名前田綱紀《まえだつなのり》▲にあたえた書には、「徳不孤」（徳は孤《こ》ならず。次ページ中写真参照）と横書きで三大字を記し、左脇に縦書きで「徳は惟《た》だ善政のみ、

▼**前田綱紀**　一六四三〜一七二四。加賀守。致仕《ちし》後、肥前守《ひぜんのかみ》。法号松雲院《しょううんいん》。加賀一〇二万五〇〇〇石。一六四五（正保二）年三歳で家督を継ぐ。学問を好み、木下順庵・朱舜水に師事。

徳川綱吉筆「虎図扇面」

徳川綱吉筆「徳不孤」

徳川綱吉筆「馬図」

政は民を養うに在り」とある（前田育徳会蔵）。これは『論語《ろんご》』里仁《りじん》篇に典拠をもつもので、綱吉の政治理念がよくあらわれている。前田家では一六九四（元禄七）年七月に客を招き、これを披露した（『加賀藩史料』）。尾張徳川家でも綱吉からもらった大字を参勤交代《さんきんこうたい》の行列の先頭に掲げ帰国したという（『鸚鵡籠中記《おうむろうちゅうき》』）。綱吉の政治理念は大名を通じて、広く民衆へも周知させられたのである。

大名家への御成《おなり》も、綱吉の威光を世に示す行為の一つであった。一六九一（元禄四）年春に綱吉が柳沢邸にはじめて御成をした際には、北の御殿《ごてん》（奥向）に綱吉から拝領した「桜馬図」をかざり、その手前においた白銀の花瓶二つにたくさんの花をかざり、棚には紅葉《もみじ》を散らした蒔絵《まきえ》の硯《すずり》、絵巻物《えまきもの》、宇治《うじ》の茶摘みを題材にした祝い壺《つぼ》をおいて綱吉を迎えた。その後、綱吉は西の御殿にでて、『大学』の講義を行った。そのときのようすは、「老中忠朝《ただとも》をはじめ、僧衆《そうしゅう》には知足院僧正《そうじょう》、金地院禅師《こんちいんぜんじ》、覚王院《かくおういん》僧正など、そのほか数多《あまた》いたり。天下にかばかりやんごとなき御うへにて、かく、聖のかたの道さへこまやかに、あきらめおはします御ざえのほどの、いと有がたうおはすなど、とりどりにかしらさしつどへつついふ」と、王朝《おうちょう》絵巻さながらに記されている。その後、東の御殿では、猿楽が催され、難波《なにわ》・橋弁慶《はしべんけい》・羽衣《はごろも》・是界《ぜがい》・乱《みだれ》、五番すべてのシテを綱吉が演じた（『松蔭《まつかげ》日記』）。

一七〇二（元禄十五）年四月二十六日に綱吉の御成を受けた加賀前田家の場合、前年十二月に御成を予告され、新年早々から準備にかかり、御成御殿だけでも棟数四八、建坪三〇〇〇坪を四月十一日までに突貫工事で仕上げた（若林喜三郎『前田綱紀』）。大名家への御成は名誉なことではあったが、経済負担も大きかった。そのため、酒井忠挙《さかいただたか》はこの前田邸の御成を最後とし、将軍の「御慰《おなぐさ》み」は別に求めるべきとする考えを老中《ろうじゅう》稲葉正通《いなばまさみち》に進言した（福留真紀『名門譜代大名・酒井忠挙の奮闘』）。これが直接の要因かどうかは不明ながら、このあと綱吉の大名邸御成は牧野《まきの》や柳沢などの側近に限られるように変化する。

突然の死

綱吉の一人娘の鶴《つる》は、一六八一（天和元）年に紀伊《きい》徳川綱教《つなのり》と縁組し、八五（貞享二）年に九歳で輿入《こしい》れした。子にはめぐまれず、鶴は一七〇四（宝永元）年四月十二日に二八歳で死去した。最愛の一人娘を亡った綱吉は、その年の暮に甥の綱豊《つなとよ》を養子に迎える決心をする。十二月五日にこれが公表され、九日に綱豊は家宣《いえのぶ》と名を改め、十三日に西の丸にはいり、将軍家世嗣《よつぎ》として扱われることになった。

一七〇五(宝永二)年三月に綱吉は右大臣《う》に昇進した。同月二十三日に桂昌院から三の丸に招かれ、昇進を祝ってもらったが、その翌月から桂昌院は「痞《つか》え(胸痛)」の症状が悪化し、六月二十二日に七九歳の生涯を閉じた。死穢《しえ》の伝染を怖れたのであろう。綱吉は思慕《しぼ》してやまない母の臨終の場に立ちあうことはなかった。

一七〇八(宝永五)年の年末二十八日より綱吉は風邪気味であったが、新年を迎えた一月二日夜中に発熱し、朝になると発疹がでて麻疹《はしか》と診断された。年頭の拝賀は家宣が綱吉の名代《みょうだい》として受けたことで、綱吉の病気が知れわたった。八日には食事を少しとり、いまだに両脇と腰が張り、咳がとまらない状態であったが、八日は綱吉の誕生日でもあり、日柄を選んで九日に麻疹の快復を祝う酒湯《ささゆ》が催された。ただし、酒湯は行水《ぎょうずい》ではなく、篠《ささ》の葉をひたしてそそぐ程度のものであったことからも、全快とまではいかなかったのだろう。その翌朝、綱吉は食事をとったあとに「痞え」が起き、急死した。

諸大名家でも麻疹が流行しており、十二月八日には家宣も麻疹にかかったが、十三日には一度目の酒湯、十五日には二度目、十八日には三度目をかけ、二十一日に麻疹以後はじめて御座《ご》の間《ま》に着座して西の丸老中にあった。加賀前田家に嫁いだばかりの綱吉養女の松《まつ》も麻疹にかかり、これも快復している。

麻疹の引きかかりは風邪に似た症状があり、高熱がでて発疹がみられたのち三〜四日で解熱し、五〜六日で全快する。ただし、成人でかかった場合は重症化し、死にもいたる危険な病気である。綱吉の場合、発疹から九日目に一度目の酒湯をかけていることからも、かなりの重症だったとみられる。上野寛永寺《うえのかんえいじ》にほうむられ、一月二十三日に正一位《しょういちい》を贈られた。

その一カ月後の二月九日の夜に、御台所の信子が病死した。五九歳。病名は麻疹とする説もあるが、天然痘《てんねんとう》（「もぐさ」「疱瘡《ほうそう》」）とする説もある。一月二十三日に隆光に疱瘡祈禱《きとう》が命じられ、二月六日には順調に快復したが、草臥《くたび》れがひどく「九死に一生」のようすと伝えられた。綱吉に続く信子の急死は、柳沢吉保の子吉里《よしさと》を将軍家の養子に迎えようとした綱吉を信子が暗殺し、吉保の陰謀から将軍家を守ったのちに自害したのだという「柳沢騒動」の筋書きをつくりだし、実録物として広く庶民にまでも語り継がれ、読み継がれていくことになった（福留真紀「柳沢騒動」）。

孤立した専制君主

綱吉の死とともに、その政治はすぐに終焉を迎えた。まず、一月十七日には宝永大銭《おおぜに》の通用が停止され、十八日には馬の首毛ふり禁止▲の撤回、中野《なかの》の犬小屋・町中入用金《ちょうちゅうにゅうようきん》▲の停止、生類《しょうるい》の件についての訴訟を無用とし、それぞれの場所に応じて処理することが取り決められた。十九日には「生類憐《あわれ》み令《れい》」を撤回したのちに綱吉の出棺となり、二月一日に葬儀が執り行われた。

家宣の将軍宣下は五月一日なので、早々に綱吉の政治に修正が加えられたことになる。これは、家宣への代替わり後に綱吉の政策を改めれば、前代の政治を悪政と認めたことになるため、綱吉が死にぎわにみずからの意志で過度な政治を緩和する形を表向きはとることで、代替わりによる混乱を避けたものらしい。綱吉としては柳沢吉保に生類憐み政策を変更しないよう強く言い含めてい

▼**馬の首毛ふり禁止**　綱吉治世晩年の一七〇八（宝永五）年八月十五日に馬の首毛をふること（毛を焼いて装飾すること）は古来なかったとして禁止した。

▼**町中入用金**　生類の保護のために江戸の町人に賦課されていた犬銀《いぬぎん》などのこと。

▼**小笠原長重**　一六五〇〜一七三二。佐渡守《さどのかみ》。三河吉田《みかわよしだ》四万石。兄の養子となり一六九〇(元禄三)年家督を継ぐ。奏者番《そうしゃばん》、寺社奉行、京都所司代《しょしだい》をつとめ、一六九七(元禄十)年より老中。

徳川綱吉筆「思無邪」

たが、まさに「死人に口なし」であった。

一月十一日に綱吉の死が諸大名に伝えられ、筆頭老中小笠原長重《おがさわらながしげ》▲をはじめ老中らは残らず松平輝貞と松平忠周《ただちか》へ将軍死去の弔問に訪れたが、柳沢吉保に対しては「務無レ之筈《つとめこれなきはず》に成居《なりおり》候」ということで、弔問にでかけなかったと伝えられる(『伊達家文書』五、二〇八七号)。綱吉の死による柳沢吉保の凋落《ちょうらく》ぶりは、誰の目にも明らかであった。そうしたなか、生類憐み政策の継続が綱吉の遺言だったとはいえ、柳沢にはどうすることもできなかった。

綱吉は「思無レ邪《おもいよこしまなし》」と自筆した一幅を残している(徳川記念財団蔵)。『論語』為政《いせい》篇に典拠をもつもので、「右大臣綱吉」と落款《らっかん》があるので、綱吉が右大臣に任じられた一七〇五(宝永二)年三月五日以降の書である。六〇の齢を超えた綱吉晩年の思想の一端をよく示すものであろう。

わが人生を振り返り、「思いに邪念なし」と大書した綱吉。後世にその政治が人の道にはずれ、邪心によるものと評されることを恐れていたのだろうか。民のための仁政《じんせい》を政治理念としてきた五代将軍徳川綱吉であった。しかしながら、その姿は孤立した専制君主《せんせいくんしゅ》を思わせる。

写真所蔵・提供者一覧(敬称略, 五十音順)

一蓮寺　p.37
ヴォルフガング・ミヒェル　p.11
小山町立図書館　p.75下
久能山東照宮博物館・有限会社艸藝社　p.57下
國學院大學図書館　p.75上
国立国会図書館　p.45上
財団法人出光美術館　カバー表
財団法人旧高田藩和親会　p.81下
財団法人徳川記念財団　p.25上, 87
財団法人前田育徳会　p.81中
滋賀県長浜市芳洲会　p.45下
東京都江戸東京博物館・Image:東京都歴史文化財団イメージアーカイブ　p.7
東京都公文書館　p.53
徳川美術館　カバー裏
奈良県長谷寺　p.57上右
日光東照宮宝物館　p.41下
日光輪王寺宝物殿　p.71下
堀田正典　p.25下, 81上
柳沢文庫　扉, p.41上
財団法人徳川記念財団 複製(原本は法隆寺)　p.57上左
著者撮影　p.19, 71上

参考文献

赤穂市総務部市史編さん室編『忠臣蔵』第３巻, 赤穂市総務部, 1987年
上野洋三校注『松蔭日記』岩波文庫, 岩波書店, 2004年
大野瑞男『江戸幕府財政史論』吉川弘文館, 2006年
大森映子『元禄期の幕政と大名たち』日本放送出版協会, 1999年
片桐一男「ケンペルの描いた『蘭人御覧』の部屋はどこか」『日本歴史』731号, 2009年
黒川一夫『赤穂事件』青史出版, 2009年
群馬県立歴史博物館・霞会館資料展示委員会編『元禄の世へ　将軍家綱・綱吉と宮廷の美』第64回企画展図録, 社団法人霞会館, 2000年
ケンペル(著)・斎藤信(訳)『江戸参府旅行日記』東洋文庫303, 平凡社, 1977年
杉岳志「徳川将軍と天変―家綱～吉宗期を中心に―」『歴史評論』669号, 2006年
曽根原理『神君家康の誕生　東照宮と権現様』歴史文化ライブラリー 256, 吉川弘文館, 2008年
杣田善雄「元禄の東大寺大仏殿再興と綱吉政権」『南都仏教』43・44号, 1980年
高埜利彦『日本の歴史⑬　元禄・享保の時代』集英社, 1992年
高埜利彦編『元禄の社会と文化』吉川弘文館, 2003年
武井弘一「生類憐み政策の始期をめぐって」『歴史評論』655号, 2004年
塚本学『徳川綱吉』人物叢書, 吉川弘文館, 1998年
塚本学『生類をめぐる政治　元禄のフォークロア』平凡社選書80, 平凡社, 1983年
西山松之助監修『湯島聖堂と江戸時代』斯文会, 1990年
根崎光男『生類憐みの世界』同成社, 2006年
林由紀子『近世服忌令の研究―幕藩制国家の喪と穢―』清文堂出版, 1998年
深井雅海『徳川将軍政治権力の研究』吉川弘文館, 1991年
深井雅海『図解・江戸城をよむ』原書房, 1997年
福田千鶴『酒井忠清』人物叢書, 吉川弘文館, 2000年
福留真紀『徳川将軍側近の研究』校倉書房, 2006年
福留真紀「柳沢騒動―まぼろしの御家騒動―」福田千鶴編『新選 御家騒動』上, 新人物往来社, 2007年
福留真紀『名門譜代大名・酒井忠挙の奮闘』角川学芸出版, 2009年
藤井譲治『徳川家光』人物叢書, 吉川弘文館, 1997年
堀田正久『堀田家三代記』新潮社, 1985年
村井淳志『勘定奉行荻原重秀の生涯――新井白石が嫉妬した天才経済官僚』集英社新書3850, 集英社, 2007年
山本博文編『アエラムック　元禄時代がわかる』朝日新聞社, 1998年
若林喜三郎『前田綱紀』人物叢書, 吉川弘文館, 1961年
渡辺世祐『正史赤穂義士』光和堂, 1971年

徳川綱吉とその時代

西暦	年号	齢	お も な 事 項
1646	正保3	1	*1-8* 江戸城本丸に生まれる
1651	慶安4	6	*4-3* 兄長松とともに，各15万石をあたえられ，御家人を付属される。*4-20* 家光没
1677	延宝5	32	*6-15* 長女鶴誕生
1679	7	34	*5-6* 長男徳松誕生
1680	8	35	*5-6* 兄家綱の養子となる。*5-8* 家綱死去。*8-23* 将軍宣下
1681	天和元	36	*6-21* 越後騒動の御前公事
1682	2	37	*9-18* 安宅丸を廃却
1683	3	38	閏*5-28* 徳松没。*7-* 武家諸法度の改訂・公布
1684	貞享元	39	*2-* 服忌令を定める。*8-28* 堀田正俊殿中刺殺事件。*11-9* 桂昌院，従三位。*11-21* 諸大名に領地判物・朱印を発給。*12-1* 安井算哲を天文方に任ず
1685	2	40	*2-12* 鉄砲制限の高札。*2-22* 鶴姫，紀伊邸に入輿。*7-* 御成時の犬猫に関する法令。*9-* 拵馬禁令
1686	3	41	*12-*『三河記』なる
1687	4	42	*1-27* 人宿・牛馬宿に生類憐みを命ず。*2-* 不受不施派の斎藤新八流罪。*4-* 馬捨・犬切の者を処罰
1688	元禄元	43	*9-* 酒造制限令。*11-12* 柳沢吉保，側用人となる
1690	3	45	*8-* ケンペル来日。*10-* 捨子禁止令。*12-22* 聖堂成就，周囲を昌平坂と名づける
1691	4	46	*1-13* 林春常を還俗させ，大学頭に任ず
1694	7	49	*8-27* 松平輝貞を側用人とする
1695	8	50	*8-19* 元禄金銀改鋳を命じる
1696	9	51	*4-11* 勘定吟味役荻原重秀，勘定頭就任。*7-* 江戸町中に犬屋敷金割付。*8-17* 大酒禁令
1697	10	52	*4-27* 諸国国絵図の改正を命じる
1701	14	56	*3-14* 浅野長矩殿中刃傷事件
1702	15	57	*3-9* 桂昌院，従一位。*12-14* 赤穂浪士討入り
1703	16	58	*11-22* 大地震
1704	宝永元	59	*4-12* 鶴没。*12-5* 甲府綱豊を養子とする
1705	2	60	*3-5* 右大臣昇進。*6-22* 桂昌院没
1707	4	62	*11-23* 富士山，噴火
1709	6	64	*1-10* 没

福田千鶴(ふくだ ちづる)
1961年生まれ
九州大学大学院文学研究科史学専攻博士後期課程中途退学
博士(文学，九州大学)
専攻，日本近世史
現在，九州大学基幹教育院教授
主要著書
『幕藩制的秩序と御家騒動』(校倉書房1999)
『御家騒動』(中公新書，中央公論新社2005)
『淀殿 われ太閤の妻となりて』(ミネルヴァ書房2007)
『豊臣秀頼』(歴史文化ライブラリー，吉川弘文館2014)
『城割の作法』(吉川弘文館2019)

日本史リブレット人 049
徳川綱吉《とくがわつなよし》
犬を愛護した江戸幕府五代将軍
2010年7月20日 1版1刷 発行
2020年7月30日 1版3刷 発行
著者：福田千鶴《ふくだちづる》
発行者：野澤伸平
発行所：株式会社 山川出版社
〒101－0047 東京都千代田区内神田1－13－13
電話 03(3293)8131(営業)
03(3293)8135(編集)
https://www.yamakawa.co.jp/
振替 00120-9-43993
印刷所：明和印刷株式会社
製本所：株式会社 ブロケード
装幀：菊地信義

Printed in Japan ISBN 978-4-634-54849-7

日本史リブレット 人

1 卑弥呼と台与 ―― 仁藤敦史
2 倭の五王 ―― 森　公章
3 蘇我大臣家 ―― 佐藤長門
4 聖徳太子 ―― 大平　聡
5 天智天皇 ―― 須原祥二
6 天武天皇と持統天皇 ―― 義江明子
7 聖武天皇 ―― 寺崎保広
8 行基 ―― 鈴木景二
9 藤原不比等 ―― 坂上康俊
10 大伴家持 ―― 鐘江宏之
11 桓武天皇 ―― 西本昌弘
12 空海 ―― 曾根正人
13 円仁と円珍 ―― 平野卓治
14 菅原道真 ―― 大隅清陽
15 藤原良房 ―― 今　正秀
16 宇多天皇と醍醐天皇 ―― 川尻秋生
17 平将門と藤原純友 ―― 下向井龍彦
18 源信と空也 ―― 新川登亀男
19 藤原道長 ―― 大津　透
20 清少納言と紫式部 ―― 丸山裕美子
21 後三条天皇 ―― 美川　圭
22 源義家 ―― 野口　実
23 奥州藤原三代 ―― 斉藤利男
24 後白河上皇 ―― 遠藤基郎
25 平清盛 ―― 上杉和彦
26 源頼朝 ―― 高橋典幸
27 重源と栄西 ―― 久野修義
28 法然 ―― 平　雅行
29 北条時政と北条政子 ―― 関　幸彦
30 藤原定家 ―― 五味文彦
31 後鳥羽上皇 ―― 杉橋隆夫
32 北条泰時 ―― 三田武繁
33 日蓮と一遍 ―― 佐々木馨
34 北条時宗と安達泰盛 ―― 福島金治
35 北条高時と金沢貞顕 ―― 永井　晋
36 足利尊氏と足利直義 ―― 山家浩樹
37 後醍醐天皇 ―― 本郷和人
38 北畠親房と今川了俊 ―― 近藤成一
39 足利義満 ―― 伊藤喜良
40 足利義政と日野富子 ―― 田端泰子
41 蓮如 ―― 神田千里
42 北条早雲 ―― 池上裕子
43 武田信玄と毛利元就 ―― 鴨川達夫
44 フランシスコ＝ザビエル ―― 浅見雅一
45 織田信長 ―― 藤田達生
46 徳川家康 ―― 藤井讓治
47 後水尾天皇と東福門院 ―― 山口和夫
48 徳川光圀 ―― 鈴木暎一
49 徳川綱吉 ―― 福田千鶴
50 渋川春海 ―― 林　淳
51 徳川吉宗 ―― 大石　学
52 田沼意次 ―― 深谷克己
53 遠山景元 ―― 藤田　覚
54 酒井抱一 ―― 玉蟲敏子
55 葛飾北斎 ―― 小林　忠
56 塙保己一 ―― 高埜利彦
57 伊能忠敬 ―― 星埜由尚
58 近藤重蔵と近藤富蔵 ―― 谷本晃久
59 二宮尊徳 ―― 舟橋明宏
60 平田篤胤と佐藤信淵 ―― 小野　将
61 大原幽学と飯岡助五郎 ―― 高橋　敏
62 ケンペルとシーボルト ―― 松井洋子
63 小林一茶 ―― 青木美智男
64 鶴屋南北 ―― 諏訪春雄
65 中山みき ―― 小澤　浩
66 勝小吉と勝海舟 ―― 大口勇次郎
67 坂本龍馬 ―― 井上　勲
68 土方歳三と榎本武揚 ―― 宮地正人
69 徳川慶喜 ―― 松尾正人
70 木戸孝允 ―― 一坂太郎
71 西郷隆盛 ―― 徳永和喜
72 大久保利通 ―― 佐々木克
73 明治天皇と昭憲皇太后 ―― 佐々木隆
74 岩倉具視 ―― 坂本一登
75 後藤象二郎 ―― 鳥海　靖
76 福澤諭吉と大隈重信 ―― 池田勇太
77 伊藤博文と山県有朋 ―― 西川　誠
78 井上馨 ―― 神山恒雄
79 河野広中と田中正造 ―― 田崎公司
80 尚泰 ―― 川畑　恵
81 森有礼と内村鑑三 ―― 狐塚裕子
82 重野安繹と久米邦武 ―― 松沢裕作
83 徳富蘇峰 ―― 中野目徹
84 岡倉天心と大川周明 ―― 塩出浩之
85 渋沢栄一 ―― 井上　潤
86 三野村利左衛門と益田孝 ―― 森田貴子
87 ボアソナード ―― 池田眞朗
88 島地黙雷 ―― 山口輝臣
89 児玉源太郎 ―― 大澤博明
90 西園寺公望 ―― 永井　和
91 桂太郎と森鷗外 ―― 荒木康彦
92 高峰譲吉と豊田佐吉 ―― 鈴木　淳
93 平塚らいてう ―― 差波亜紀子
94 原敬 ―― 季武嘉也
95 美濃部達吉と吉野作造 ―― 古川江里子
96 斎藤実 ―― 小林和幸
97 田中義一 ―― 加藤陽子
98 松岡洋右 ―― 田浦雅徳
99 溥儀 ―― 塚瀬　進
100 東条英機 ―― 古川隆久

〈白ヌキ数字は既刊〉